Diogenes Rant

Verzockte Freiheit

Diogenes Rant

VERZOCKTE FREIHEIT

Wehrt euch! Politiker und Finanz-
Eliten setzen unsere Zukunft aufs Spiel

Bibliografische Information der Deutschen Nationalbibliothek
Die Deutsche Nationalbibliothek verzeichnet diese Publikation in der Deutschen Nationalbibliografie;
detaillierte bibliografische Daten sind im Internet über **http://d-nb.de** abrufbar.

Für Fragen und Anregungen:
rant@finanzbuchverlag.de

1. Auflage 2014

© 2014 by FinanzBuch Verlag,
ein Imprint der Münchner Verlagsgruppe GmbH
Nymphenburger Straße 86
D-80636 München
Tel.: 089 651285-0
Fax: 089 652096

Redaktion: Werner Wahls
Korrektorat: Rainer Weber
Umschlaggestaltung: Pamela Machleidt
Umschlagabbildung: unter Verwendung von iStock-Bildern
Satz: Georg Stadler, München
Druck: CPI Ebner & Spiegel, Ulm
Printed in Germany

ISBN Print 978-3-89879-854-9
ISBN E-Book (PDF) 978-3-86248-590-1
ISBN E-Book (EPUB, Mobi) 978-3-86248-591-8

Weitere Informationen zum Verlag finden Sie unter
www.finanzbuchverlag.de
Beachten Sie auch unsere weiteren Verlage unter
www.muenchner-verlagsgruppe.de

Inhalt

*»Die Freiheit erscheint uns noch wertvoller,
wenn wir uns an die Knechtschaft erinnern.«*
Marcus Tullius Cicero

Diogenes Rant

Seit über 20 Jahren arbeite ich als Berater an den Schnittstellen von Banken, Aufsichtsbehörden, Zentralbanken und Regierungsstellen. Der Berater entscheidet nicht. Er entscheidet nicht einmal mit. Aber er ist näher an den Ereignissen dran als fast jeder andere Beobachter, einschließlich der Presse. Er sortiert, ordnet ein, prüft Alternativen, macht Vorschläge.

Im Zuge der Finanz- und der Eurokrise hatte ich die Gelegenheit mit vielen der Akteure zu arbeiten. Bankvorstände, die ihre Risiken nicht mehr verstanden; Beamte in Aufsichtsbehörden, die ihre Aufgabe nicht als Hüter der Stabilität, sondern als Schreibtischmitarbeiter eines Ordnungsamtes mit Strafzettelvollmacht bei Falschparken definierten; Politiker, die von der Komplexität der Entwicklungen intellektuell völlig überfordert sind; Minister, die im Hochgefühl ihrer Wichtigkeit ganze Volkswirtschaften ruinieren.

Dazwischen einzelne Unentwegte, wie der Chefrisikomanager einer Großbank, dessen Karriere seiner Weigerung zum Opfer fällt, Risiken sehenden Auges zu ignorieren, oder sein Amtskollege in einer Landesbank, der den leicht größenwahnsinnigen Ambitionen seines Vorstandsvorsitzenden unbequem ist und abgeräumt wird. Die Liste dieser Standhaften ist nicht einmal kurz, weder im Finanzwesen noch in der Politik. Gemeinsam ist ihnen, dass sie in der Woge eines seines Wertegerüstes weitgehend beraubten Finanz-und Politikbetriebes auf verlorenem Posten stehen.

Erwarten Sie von diesem Buch keine Enthüllungen. Die eigentliche Enthüllung ist nämlich, dass es keine Geheimnisse gibt. Alles Relevante findet vor den Augen der Öffentlichkeit statt. Was verborgen bleibt, sind die Zusammenhänge zwischen den Nachrichten, ihre Einordnung in ein großes Ganzes. Um das zu tun, braucht man ein Verständnis, wie das »System« funktioniert. Was sind Risiken? Wie werden sie gemessen, gewogen, gezählt, gesteuert, abgewehrt, überwälzt? Wo landen sie am Ende und warum? Welche Interessen verschaffen sich Geltung und wie tun sie das? Welche Anreize schafft unsere Wirtschaftsordnung und wie reagieren die Beteiligten »Spieler« auf diese?

Dieses Buch ist der Versuch einer Einordnung. Der geschätzte Leser wird feststellen, dass dies im Ergebnis einer Enthüllung gleichkommt. Sie werden die Nachrichten, die Zeitungen, die Meldungen mit ganz neuen Augen wahrnehmen.

Diogenes Rant ist ein Pseudonym. Denn was etablierten Interessen noch unbequemer ist als ein Whistleblower ist ein Insider, der zeigt, dass der Kaiser schon seit Jahren nackt durch die Stadt spaziert.

Diogenes Rant
im Januar 2014

Vorwort von Abtprimas Notker Wolf

Papst Franziskus hat jüngst mit seinem Schreiben »Evangelii Gaudium«, einer Art Regierungserklärung, die internationale Wirtschaft und Finanzwelt angegriffen: »Diese Wirtschaft tötet.« Sie habe zu einer Globalisierung der Gleichgültigkeit geführt, welche die Armen an den Rand dränge und ausschließe. »Während die Einkommen einiger weniger exponentiell steigen, sind die der Mehrheit immer weiter entfernt vom Wohlstand dieser glücklichen Minderheit. Dieses Ungleichgewicht geht auf Ideologien zurück, die die absolute Autonomie der Märkte und die Finanzspekulation verteidigen.« Er fordert zu einer »neuen Mentalität auf, die in den Begriffen der Gemeinschaft und des Vorrangs aller gegenüber der Aneignung der Güter durch einige wenige denkt. Er fordert zu Solidarität auf, die »die soziale Funktion des Eigentums und die universale Bestimmung der Güter als Wirklichkeiten erkennt, die älter sind als der Privatbesitz«. Sie müssten dem Gemeinwohl dienen. Aber »die Gier nach Macht und Besitz kennt keine Grenzen«. Der Mensch sei aus dem Blickfeld geraten, »das Geld muss dienen und nicht regieren!«. Er »ermahnt zur uneigennützigen Solidarität und zu einer Rückkehr von Wirtschaft und Finanzleben zu einer Ethik zugunsten des Menschen«, nicht nur des Individuums, sondern der Gesellschaften.

Das sind deutliche Worte des geistlichen Oberhaupts einer 1,2-Milliarden-Gemeinschaft. Von einer anderen Seite her, von einer Analyse der Finanzkrise und der europäischen Finanzschwierigkeiten, kommt nun der Autor der vorliegenden Untersuchung zu einer ähnlichen Auffassung. Der Kapitalismus sei zwar weniger sozial zu zähmen, aber man müsse ihm endlich das Wertekorsett zurückgeben, das ihn einmal so erfolgreich gemacht hat. Denn es muss auch Unternehmer und Banker geben, die das Geld erwirtschaften, das wir teilen sollen. Auch Diogenes Rant geht es um die Einbindung des Kapitals in einen größeren Rahmen, er bricht die Solidarität in das konkrete und praktisch realisierbare Prinzip der Gegenseitigkeit herab, ein Prinzip, das wir von den Versicherungen und den Genossenschaftsbanken her kennen. Er weitet es aus auf den überschaubaren und kulturell halbwegs einheitlichen europäischen Rahmen. Zwar sind die Kulturen auch in Europa unterschiedlich. Aber das Wesen der Südländer hat durchaus etwas Sympathisches an sich. Der Mensch ist eben nicht nur zum Arbeiten und zur Geldvermehrung geboren, sondern auch, um das Leben zu genießen. Die Vielfalt der Kulturen ist kein Hindernis, sondern eine enorme Chance und Bereicherung. An unserem Wesen kann die Welt nicht genesen, an dem der anderen allerdings auch nicht. Die Solidarität, das Miteinander freier, selbstständiger Kulturen macht es aus. Dieses Miteinander zu gestalten, ist freilich eine langwierige und mühevolle Aufgabe.

Dem Leser wird auch eine Analyse der Finanzkrise zugemutet, wenngleich in einer plausiblen Weise. Dafür sind wir dem Autor dankbar. Aber mehr noch für seine Verteidigung der Freiheit. Sie erst macht den Kern der Würde des Menschen aus. Aus ihr wächst die solidarische Verantwortung, sie erst garantiert die Gestaltung einer wirtschaftlichen und politischen Entwicklung für die Zukunft. Diese Freiheit ist von ihrem Begriff her nie gesichert. Sie muss sich selbst sichern, indem sie immer wieder gegen Bevormundung aufbegehrt und das Versagen von Entscheidungsträgern offenlegt. Die individuelle Freiheit muss sich in ihrer Verantwortung für das Gemeinwohl selbst die Zügel anlegen und ihre Grenzen erkennen. An der Wurzel der Finanzkrise stand menschliches Versagen, vom Autor aufgefächert in die sieben Todsünden Eitelkeit, Gier, Begehren, Zorn, Maßlosigkeit, Neid und Trägheit. Diese Sünden gefährden sowohl die Manager als auch die Masse der Bevölkerung. Gerade bei den Eliten, den Entscheidern an der Spitze, fehlten die Tugenden der Wahrhaftigkeit, der Ehrlichkeit, der Bescheidenheit und des rechten Maßes, oder schlichtweg Anstand, Selbstachtung und die Achtung gegenüber anderen.

Diogenes Rant schreibt eine Polemik, er ruft zur Empörung auf. Wird er ein einsamer Rufer in der Wüste bleiben? Der Papst ist nicht weniger polemisch, wenn er seine Stimme gegen das gegenwärtige kapitalistische System und gegen die globale Gleichgültigkeit erhebt. In den ersten Jahren der Finanzkrise war oft der Ruf nach einem neuen ethischen Bewusstsein in der Wirtschaft zu hören. Der Ruf verstummte immer mehr. Es läuft längst wieder alles in alten Bahnen. Umso notwendiger sind prophetische Rufer, die uns nicht in eine falsche Ruhe fallen lassen, die uns aus einer falschen Sicherheit herausholen. Mögen andere sich dadurch animiert fühlen, sich ebenfalls zu erheben und sich zu empören. Die römischen Kaiser wussten, wie sie ihr Volk einlullen konnten: panem et circenses – gebt ihnen Brot und Zirkusspiele. Dagegen braucht es den Aufstand. Alle wollen Freiheit; doch dieses Verlangen kann sehr unbequem werden. Freiheit haben wir nie auf Dauer, sie muss stets neu erkämpft werden. Möge der Autor viele Verbündete finden zur Erhaltung der Freiheit für uns alle.

Abtprimas Notker Wolf OSB

Prolog

Empört euch!

»Wenn Freiheit überhaupt eine Bedeutung hat, dann die, den Leuten sagen zu dürfen, was sie nicht hören wollen.«
George Orwell

Die Dinge sind in Umwälzung. Die Geschwindigkeit der Veränderung korrespondiert mit der zunehmenden Geschwindigkeit, mit der Krisen aufeinanderfolgen. Und deren innere Verknüpfungen und Wirkungszusammenhänge erscheinen immer mehr Bürgern immer weniger durchschaubar. Die Krise wird daher als Dauerzustand, als Kontinuum wahrgenommen, welches als dumpfe Bedrohung in die Köpfe der Menschen eingedrungen ist.

Diese Bedrohung erzeugt Angst.

Angst ist der beste Nährboden, nicht für ökonomischen Fortschritt und kreative Zerstörung durch den freiheitsliebenden und innovativen Unternehmer, sondern für politische Kräfte, die sie ausnutzen und den Menschen einen neuen Deal vorschlagen: Tausche Freiheit gegen Sicherheit. Dieser Deal ist trügerisch. Bereits Thomas Jefferson wusste ihn korrekt einzuschätzen, indem er klug feststellte: »Wer glaubt, Freiheit gegen Sicherheit eintauschen zu können, wird feststellen, dass er am Ende beides verliert.«

Tausche Freiheit gegen Sicherheit

Heute kommen die Feinde unserer Freiheit im Gewand der »pragmatischen Krisenmanager« daher. Sie sind schlau genug, den Deal Freiheit gegen Sicherheit nicht offen auszusprechen. Stattdessen schaffen sie in Situationen der krisenhaften Zuspitzung Fakten durch Regelbrüche, die zwar für jedermann offensichtlich mit dem Prinzip der Freiheit im Konflikt stehen, die aber als »alternativlos« verkauft werden: »Ja, wir wollen das ja auch nicht, aber wir müssen jetzt mal in den sauren Apfel beißen und morgen wird alles wieder gut.«

Diese Damen und Herren sind die Zielscheiben für die vergifteten Pfeile einer Polemik, die keine »Gefangenen« macht. Behaltet euren sauren Apfel und beißt selber rein.

Friedrich von Hayek, einer der großen Verteidiger der Freiheit, hatte erkannt, dass eine Einschränkung der Freiheit die nächste nach sich zieht. Der freiheitsliebende Bürger sucht Wege, die Einschränkung zu umgehen. Der Feind der Freiheit in Gestalt interventionistischer und staatsgläubiger Politik zieht nach und sucht die Umgehung durch neue Einschränkungen der Freiheit wirtschaftlichen Handelns zu verhindern.

Ein Rüstungswettlauf. Über viele Jahre hielt sich dieser Wettlauf in einer Art Gleichgewicht, aber als Anfang der 1980er-Jahre endlich die Proponenten der Freiheit in der Wirtschaftspolitik ein Übergewicht erlangten, war das Ergebnis eine nie gesehene Steigerung des Wohlstands.

Der trügerische Sieg des Neoliberalismus

Allerdings war dieser Sieg liberaler Wirtschaftspolitik trügerisch. Er konnte nicht von Dauer sein, weil er sich auf ein »enrichissez vous«, ein »Bereichert euch!« reduzierte, welches fundamentale Prinzipien der Ordnungspolitik missachtete. Freiheit wurde getrennt von Verantwortung, und das mit fatalen Folgen.

Das Wachstum der Wirtschaft und des Welthandels führte – wie bisher stets in der Vergangenheit zu beobachten – zu einem überproportionalen Wachstum des Finanzsektors. Die »Besten« und Bestausgebildeten strömten in diesen Sektor, um vom Boom überproportional zu profitieren. Man hatte sie alles gelehrt, was das moderne effiziente Bildungssystem hergibt. Die Elite der Wirtschaft sonnte sich im schnellen Reichtum mithilfe von Finanzprodukten, deren Komplexität und Vernetzungseffekte sie nicht annähernd verstand.

Das resultierende Risiko für das Gesamtsystem wurde gedanklich abgewälzt auf die »unsichtbare Hand« des Marktes. Verantwortung für das Ganze? Das war etwas für Schwächlinge und Warmduscher. Für Regeln oder gar eine ethische Verantwortung galt das Gleiche. Moral verkam zum Schimpfwort. Und vom Verlust der Moral zur Überschreitung rechtlicher Normen ist es nur ein winziger Schritt, wie uns der LIBOR-Skandal schmerzhaft vor Augen geführt hat.

25 Jahre lang glaubte man, mit Ethikkursen im MBA diesen Auswüchsen vorbeugen und Selbstoptimierung unter der Nebenbedingung von Ethik und Gemeinwohl erreichen zu können. Diese Kurse bringen einem allenfalls bei, wie man die obligatorischen Web-basierten Multiple-Choice-Tests zu »Gender Policy«, »Anti-Harassment Program« und »Equal Opportunities Principles« schnellstmöglich unfallfrei abarbeitet, wie weit man gehen kann und ab wo man sich nicht mehr erwischen lassen darf.

Man hätte die Betroffenen wahrscheinlich besser in der Phase jugendlicher Prägung am Sonntag in die Kirche geschickt. Das ist zwar kein Garant für ein funktionierendes Gewissen, stärkt aber immerhin den moralischen Kompass im Sinne eines inneren Instinkts, wenn man befürchten muss, dass einem eine höhere Macht über die Schultern schaut.

Stattdessen hat man unter dem Mäntelchen »ethischer Pluralität«, die nichts anderes meinte als weltanschauliche Leere und Beliebigkeit, zugelassen, dass sich die Verantwortung in Lippenbekenntnissen erschöpft, in oberflächlicher »Compliance« und dem neuesten Produkt der Spin-Doktoren, der »Corporate Social Responsibility«, kurz CSR. Aber wo kein Rückgrat vorhanden ist, da wird auch keines durch die Hochglanzpräsentationen von Imageberatern eingezogen.

So wurden wir Zeugen eines epochalen Elitenversagens.

Aber warum versagen Eliten?

Eliten bestehen aus Individuen, die sich unter den Rahmenbedingungen, die sie vorfinden, selbst optimieren. Die Elite, die uneigennützig und rein am Gemeinwohl orientiert altruistische Entscheidungen trifft, ist rar. Und die sich in den letzten zwei Generationen rapide wandelnden oder erodierenden Wertegerüste der Gesellschaft sind nicht gerade geeignet, solche Eliten hervorzubringen.

Die Trennung von Eigentum, Kontrolle und Verantwortung

Fragen wir also nach den Rahmenbedingungen, die dieses Versagen ermöglicht, ja sogar mit positiven Anreizen versehen haben. Wir finden diese in der gesetzlich verordneten Governance der Unternehmen, insbesondere der Aktiengesellschaften, wo in unfassbarer

Konsequenz eine Trennung von Eigentum und unternehmerischer Verantwortung stattgefunden hat.

Die Politik hat es seit Jahrzehnten versäumt, sicherzustellen, dass angestellte Manager den Eigentümern gegenüber, also den Aktionären, auch wirklich verantwortlich sind. Da nützt alles Gerede von Shareholder Value nichts, wenn der Aktionär keine Möglichkeit hat, Versagen und Selbstbereicherung des Managements mit Sanktionen zu belegen, zumal er oft genug erleben muss, wie beides gleichzeitig passiert.

Warum ist dieser Punkt so wichtig? Weil er an den Grundfesten des Verständnisses von Eigentumsrechten rüttelt. Die Rechte am Eigentum sind der Motor einer Marktwirtschaft. Artikel 14 des deutschen Grundgesetzes stellt lapidar fest: »Eigentum verpflichtet.« Was aber, wenn die Eigentümer gar nicht mehr die Verfügungsgewalt über das haben, was ihnen gehört? Da steht schließlich nicht: »Management verpflichtet.«

Die Trennung der Verfügung über das Eigentum von seinen eigentlich Berechtigten, der Verlust der Kontrolle über seine Früchte, zieht daher eine Trennung von Eigentum und Verantwortung geradezu zwingend nach sich.

Ohne Eigentum gibt es keine wirtschaftliche Freiheit. Ohne wirtschaftliche Freiheit stirbt auch die politische Freiheit. Lenin hatte das erkannt und deshalb das Eigentum erst diskriminiert (»Eigentum ist Diebstahl«) und später abgeschafft, um die Freiheit mit ihm abzuschaffen.

Deshalb mündet die Abschaffung klarer Eigentumsrechte in der Verantwortungslosigkeit.

Heute wird gerne der Shareholder-Value-Gedanke zum Sündenbock für die Krise gemacht. In Wahrheit haben wir nicht zu viel, sondern zu wenig davon, weil wir den Shareholdern die Kontrolle über ihr recht-mäßiges Eigentum entzogen haben, um sie einer Funktionärskaste, die oft genug primär ihre eigenen Interessen verfolgt, zu übertragen.

Es ist genau diese Mechanik, die einer vom Markt nicht mehr gezü-gelten neuen Form der Gier überhaupt erst Raum gegeben und so die Krise vorbereitet hat. In dieser Welt muss man ein Unternehmen nicht zum Erfolg führen, um sich zu bereichern.

Das ist fatal.

Welche Zusammenhänge dann fast ebenso zwingend zur Finanz-krise und ihr nachfolgend zu einer epochalen Wirtschafts- und Staats-finanzkrise geführt haben, dazu später mehr.

Aber es lohnt sich, bereits an dieser Stelle die Folgen zu betrachten, die sich aus dem Versagen unserer Finanzelite ergeben haben. Es gab eine komplexes Zusammenspiel aus Politikversagen, Fehlanrei-zen in der Finanzwirtschaft durch falsche Regulierung und mono-polistische Strukturen sowie gravierende Interessenkonflikte bei den Ratingagenturen. Letztere spielen als zentrale Informationsversorger der Finanzindustrie eine sehr wichtige Rolle.

All das wurde flugs von schnell redenden politischen und medialen Akteuren zum »Marktversagen« reduziert.

Sorry, Herrschaften, aber der Markt kann nur dann versagen, wenn er vorher auch bestimmt hat, wo es langgeht.

Marktversagen war das Stichwort, das die Feinde der Freiheit aus ih-ren Bunkern lockte, wo sie während des jahrzehntelangen Siegeszugs des Liberalismus überwintert hatten. Und was sie anzubieten haben, klingt so eingängig, so verführerisch einfach, dass der Zeitgeist quasi über Nacht konvertierte und damit jede noch so unqualifizierte Forderung zur Einschränkung wirtschaftlicher Freiheit Gehör findet, wenn sie nur mit den Begriffen »Kontrolle der Auswüchse des Marktes«, »Gerechtigkeitslücke« oder »Primat der Politik« garniert wird.

Dabei hat sich in der deutschen und europäischen Politik zunehmend eine ganz bestimmte Klasse von Akteuren an den Hebeln der Macht etabliert, die entweder schon immer freiheitsfeindliche Instinkte hatten oder deren karrieregetriebener Opportunismus sie die Zeichen der Zeit erkennen und ihr Fähnlein nach dem Wind schwenken ließ.

Ein Mangel an Verständnis der ökonomischen Grundzusammenhänge erweist sich in diesem Zusammenhang übrigens als ausgesprochen hilfreich. Wer will sich schon durch Fakten beschweren, wenn doch die eingeschlagene Richtung ohnehin alternativlos ist.

Beruhigt lehnt sich Otto Normalverbraucher zurück. Es geht ja nicht um seine Freiheit, wie er sie versteht. Es geht ja anscheinend nur um die Freiheit der »Besserverdienenden«, der »Bosse«, der tatsächlichen oder vermeintlichen Steuerhinterzieher, die ihren Teil zum Gemeinwohl nicht beitragen wollen. Es geht ja zum Glück nicht um die Freiheit der Rede, der Demonstration am Tag der Arbeit und der Wahl seines Lieblingsklubs in der Bundesliga.

Wirtschaftliche Freiheit und politische Freiheit

Doch das ist ein Irrtum. Freiheit kann man nicht teilen, und sie stirbt zentimeterweise. Verlieren wir die wirtschaftliche Freiheit, dann folgt unweigerlich auch der Verlust der politischen Freiheit, der individuellen Persönlichkeitsrechte, der Freiheit der Rede und des Gewissens. Erste Anzeichen dafür sind bereits unübersehbar. Mitglieder der politischen Kaste sprechen im kleinen Kreis ganz unverhohlen von »Elementen des Modells China«, wo Effizienz herrscht statt Demokratie und »Top-Down« entschieden wird. Man spricht von den Notwendigkeiten, »diesen Wettbewerb zu bestehen«, und glaubt anscheinend nicht mehr fest genug daran, dass eine freie Gesellschaft dafür wirklich gerüstet sei.

Was die politischen Akteure interessanterweise dabei mit Teilen der Finanzelite gemeinsam haben, ist ihre Neigung, sehr große Wetten mit dem Geld anderer Leute einzugehen. Während Händler bei den Banken mit dem Geld der Aktionäre und Sparer zocken, um sich selbst zu bereichern, tut die Politik das Gleiche, um harten Entscheidungen aus dem Weg zu gehen oder sie wenigstens in die Zukunft zu verschieben.

So ist mittlerweile festzustellen, dass die finanzielle Solidität des deutschen Haushalts von einer einzigen riesigen Wette abhängt: Gelingt die Eurorettung oder nicht? Dabei liegt mehr als eine Billion Euro auf dem Spieltisch. Was ist, wenn diese Wette nicht aufgehen sollte? Ist unsere Demokratie stabil genug?

Der Geist der »Political Correctness« dräut dabei über allem. Sprechverbote, Sprachverbote, Denkverbote haben sich wie eine Schere in den Kopf der Bürger der westlichen Republiken eingeschlichen. Was alternativlos ist, darf nicht kritisiert werden. Wer es doch tut, findet sich schnell außerhalb der twitternden und chattenden Klasse wieder. Die Griechen hatten dafür einen Begriff: Ostrachismos, Scherbengericht.

Deshalb ist es notwendig und an der Zeit, den Angriff auf die Freiheit beim Namen zu nennen und die Auseinandersetzung dahin zurückzuführen, wo sie hingehört: Wollen wir frei sein und uns aus – wie Kant es formulierte – »selbstverschuldeter Unmündigkeit befreien«? Oder wollen wir interessengeleiteter Machtpolitik mit ihrer ganz eigenen und eigennützigen Agenda erlauben, diese Freiheit Stück für Stück abzubauen? Diese Entscheidung trifft jeder Einzelne für sich.

Auch Sie!

KAPITEL 1
DIE ENTSTEHUNG DER KRISE

*»Um die Unabhängigkeit des Volkes zu bewahren, dürfen wir unserer
Regierung nicht erlauben, uns mit ewigen Schulden zu belasten.«*
Thomas Jefferson

Die Geschichte der größten Finanzkrise seit der Depression der
1930er-Jahre ist noch nicht zu Ende. Ihre Wurzeln und ihre Entfaltung scheinen – glaubt man der Presse – aber bereits Teil der Allgemeinbildung zu sein. Ursachen, Wirkungen, Folgewirkungen
und Verantwortungen sind in der veröffentlichten Meinung weitestgehend zementiert. Der ein oder andere identifizierte »Schuldige«
wehrt sich noch zaghaft oder hat sich resigniert darauf zurückgezogen, öffentlich »Demut« zu üben. Die Gerechtigkeit hat gesiegt, die
Schuldigen wurden bestraft.

Oder so ähnlich.

Bei aller Erleichterung über die Klarheit und Eindeutigkeit der Erklärungsmuster, die uns viele Medien als pfeilschnelle Geschichtsschreiber unserer Tage liefern, bleibt das ungute Gefühl zurück, dass
es doch nicht ganz so einfach ist, wie manche Talkshow uns da glauben machen möchte.

Das Allgemeinwissen über die Krise

Rekapitulieren wir. Die etablierten Weisheiten und Gewissheiten bezüglich der Finanzkrise lassen sich ungefähr wie folgt zusammenfassen:

Gierige Investmentbanker haben, unterstützt von gewissenlosen Ratingagenturen, neuartige und komplexe Finanzinstrumente erfunden, mit denen sie arglose Investoren, vor allem Landesbanken, aber auch Staatsfonds, Versicherungs- und Pensionsfonds und Witwen und Waisen in betrügerischer Manier hinters Licht geführt haben, um sich zu bereichern.

Als das Kartenhaus zusammenbrach, mussten die Regierungen (man beachte: Regierungen, nicht der Steuerzahler!) große Banken, deren Zusammenbruch man sich volkswirtschaftlich nicht leisten konnte, retten. Dabei wurden nebenbei die kleinen Sparer, der Mittelstand und die ganze übrige Welt (kleiner machen wir es nicht) durch die Heroen aus den Finanzministerien vor dem sicheren Untergang bewahrt.

Leider gab es dabei einzelne Länder, deren Finanzminister nicht ganz so durchtrainierte Ellenbogen und Unterarme hatten wie die anderer Länder. Die hatten es zum Beispiel gewagt, in ihren Ländern ein vom Ideal der schwäbischen Hausfrau abweichendes »Geschäftsmodell« zu dulden: einen Bankensektor zum Beispiel, der für das kleine Eiland viel zu groß war. Diesen verbrecherischen, Geld waschenden und Steuerhinterziehung fördernden Wirtschaftszweig hatten sie auch noch mit steuerlichen Anreizen (vulgo: Subventionen) gefördert, um hinterher festzustellen, dass die Rettung der zusammenbrechenden Banken ihre Kräfte überstieg.

Weil aber die Weltmeister im Armdrücken und die nicht so durchtrainierten Finanzminister durch ein Band unverbrüchlicher Währungssolidität, pardon, Währungssolidarität miteinander verbunden waren, war es ein logischer Schritt, nach den Banken die Staaten zu retten, sofern wir sie als systemisch definierten. Ein Land als systemisch zu definieren ist übrigens nicht schwer. Im Normalfall genügt dafür ein Anruf in Frankfurt unter 069 1344-0. (Ja, das ist die Nummer der EZB, Sie brauchen das jetzt nicht auszuprobieren und bitte versuchen Sie auch nicht, Ihren Häuslekredit dort als systemisches Risiko anzumelden. Die Schlange ist schon lange genug.)

Im Zuge dieser Rettungsaktion haben wir dann enorme Missstände aufgedeckt. Dazu gehören zum Beispiel der moralisch verwerfliche Steuerwettbewerb zwischen Staaten, ganz zu schweigen von einem Geschäftsmodell, das jedem ehrbaren Etatisten die berechtigte Zornesröte ins – von den Sorgen um die Welt – zerfurchte Gesicht treibt.

Dieses konnte nur dank der gefährlichen und selbstlosen Arbeit unserer geheimsten Schlapphüte aufgedeckt werden. Wie sonst sollte man den BND-Bericht zu Zypern verstehen, nachdem man dort offenbar keine Massenvernichtungswaffen auffinden konnte? Nein, ich korrigiere, es muss dort Massenvernichtungswaffen geben, und zwar sogenannte »Weapons of Financial Mass Destruction«.

Ist es das? Glauben wir diese süffige Geschichte von Schuld und Sühne wirklich?

Auf den folgenden Seiten möchte ich dem freiheitsliebenden Leser eine alternative Interpretation der Realität zukommen lassen. Keine, die frei ist von Verantwortung, aber leider auch keine, in der die Welt so einfach in Schwarz und Weiß eingeteilt ist, wie oben etwas zugespitzt zusammengefasst wurde. Aber eine, wo Schwarz und Weiß ganz überraschend die Rollen tauschen.

Die Entstehung der Hypothekenkreditblase

Gehen wir zurück ins Jahr 1998.

Die goldenen Clinton-Jahre. Der Präsident leitet seine Rede an den Kongress mit den Worten ein: »The state of the union is strong.« Die Welt befasste sich nicht mit Kriegen im Irak, in Syrien und in Afghanistan, auch nicht mit einer epochalen Wirtschaftskrise. Das hatte sie nicht nötig, denn solche profanen Defizite waren gar nicht auf dem Radarschirm.

Sie gönnte sich den Luxus, ihre ganze Aufmerksamkeit dem befleckten Kleid einer Praktikantin zuzuwenden, welches nach Monaten der emotionalsten Debatte um das präsidentielle Liebesleben aus einem Tresor im Bauche der Hauptstadt aufgetaucht war. Glücklich die Nation, die sich leisten kann, Kleidungsstücke in Tresoren zu verwahren.

Die Wirtschaft wuchs, das Haushaltsdefizit der USA war auf dem niedrigsten Stand seit Jahrzehnten. Es war Zeit für ein positives Signal, das den arbeitenden Menschen in den USA zeigen würde, dass sie am Boom teilhaben sollten und werden. Auch sie sollten ihren gerechten Anteil am Ergebnis des Strebens nach Glück haben. Wie könnte dies besser erreicht werden, als durch das Versprechen, das jeder Amerikaner in Zukunft in seinen eigenen vier Wänden wohnen sollte? Jedem ein Haus. Das ist natürlich nur möglich, wenn auch jeder einen Immobilienkredit bekommt. Und wie man aus dem Bankgeschäft zuverlässig weiß, lässt sich so etwas nicht dekretieren. Oder doch?

Bereits 1995 hatte die Clinton-Administration den »Community Reinvestment Act« neu fassen lassen. Er zwang Banken, einen festgelegten Teil ihrer Kredite an die Bezieher kleiner Einkommen zu vergeben. Missachtung der Vorgaben führte zu Strafzahlungen. Dieser

Akt lupenreiner Marktwirtschaft begann Ende der Neunzigerjahre zu greifen und koinzidierte um die Jahrtausendwende mit einer Phase ansteigender Immobilienpreise als Folge des langjährigen Wirtschaftsbooms in den USA.

In der Folge vergaben die Hypothekenbanken einen steigenden Anteil ihrer Kredite an Kreditnehmer, die sie nach banküblicher Bonitätsprüfung nicht mit einem solchen bedacht hätten. Das Risiko erschien aber durch die steigenden Preise der Immobilien und damit der Besicherung immer stärker vernachlässigbar.

So ein wachsender Markt, der schreit nach zusätzlichen Kapazitäten. Nun ist es aber leider nicht so, dass die Banken unbegrenzt Kredite vergeben können. Die Menge der Kredite wird limitiert von zwei Faktoren: Vom Eigenkapital der Banken, das als Risikopuffer in Zeiten vieler Pleiten und damit Kreditausfälle dient, und vom Risikogehalt der einzelnen Kredite, die eine Bank vergibt.

Letzteres gilt aber nur in einer Welt, in der die Banken der Regulierung von »Basel II« (dazu später) folgen, was für die US-Hypothekenbanken niemals der Fall war. Das verdankten sie der in ihrer unendlichen Weisheit den Boom voraussehenden US-Bankenaufsicht. Man hatte sich zwar in die Gestaltung von Basel II kräftig eingemischt und so das Konzept verwässert und verschlimmbösert, dann aber die kostspielige Umsetzung von Basel II den Europäern überlassen.

Es würden sich noch Mittel und Wege finden, diese Musterschüler an den Kosten der Risiken der eigenen Banken zu beteiligen.

Wenn also das Eigenkapital die Menge der Kredite limitiert, die eine Bank vergeben kann, die Nachfrage aber steigt und man eigentlich der Auffassung ist, dass es eine tolle Sache wäre, wenn jeder Amerikaner ein eigenes Haus hat – und man dies nicht von solchen lächerlichen Bedenken wie Kreditwürdigkeit abhängig machen sollte –, dann muss ein Konzept her, das eine drastische Steigerung der Kreditvergabekapazität bei gleichbleibendem Eigenkapital der Banken möglich macht.

Man hätte natürlich auch die Gewinne aus dem Geschäft in das Eigenkapital durch Thesaurierung reinvestieren können. Aber offenbar fanden die Aktionäre dieser Banken, dass eine Ausschüttung an sie angemessener sei, damit sie das Geld selbst in die optimale Investitionsverwendung lenken können, und das waren offensichtlich keine neuen Aktien der Hypothekenbanken. Das hätte stutzig machen sollen.

Zum Glück gab es aber ein hervorragend ausgebildetes Ivy-League-Produkt von »whizz kids« in den Investmentbanken dieses glücklichen Landes. Sie erfanden eine neue Form der Verbriefung, die sogenannten »collateralized debt obligations«, kurz CDOs. Eine Verbriefung ist nichts anderes als der Verkauf von Forderungen aus Krediten im Bündel. Alles, was man dazu tun muss, ist, einen Käufer für diese Forderungen zu finden und ihm glaubhaft darzulegen, dass die Schuldner dieser Forderungen ihn auch bezahlen werden.

Für diesen Zweck gibt es das Rating. Wer aber jetzt glaubt, dass ich mich an dieser Stelle zu undifferenziertem »Bashing« der Ratingagenturen hinreißen lasse, muss leider enttäuscht werden. Und dies, obwohl er mehr Wettbewerb in diesem Sektor aus Gründen der Ordnungspolitik und der Kontrolle des systemischen Risikos für zwingend notwendig hält. Aber dazu kommen wir später.

Die Verbriefung bedeutet, dass die Bank, die die Kredite vergeben hat, das in ihnen enthaltene Kreditrisiko nicht mehr trägt. Das tut jetzt ein Investor, der dafür als Kompensation die Zinsen und die

Rückzahlung durch die Kreditnehmer erhält. Die Bank ist nur noch eine Durchleitungsstelle für das Geld.

Ein Perpetuum mobile der Finanzwirtschaft

Die Genialität dieses Konzepts wird deutlich, wenn man sich ansieht, wie stark die Banken mithilfe dieser Erfindung ihr tatsächliches Hypothekenkreditgeschäft ausweiten konnten, nämlich von rund 300 Milliarden US-Dollar auf rund 3000 Milliarden US-Dollar. In den ersten Jahren nach der Jahrtausendwende lief dies auch ganz gut. Es gab noch genug kreditwürdige Bauherren und Immobilienkäufer, sodass die damals verbrieften Kredite im Schnitt von eher guter Qualität waren.

Leider gingen den Banken irgendwann die guten Neukunden aus. Das machte aber nichts. Denn in der Zwischenzeit war etwas geschaffen worden, was besser war als kreditwürdige Neukunden. Es handelte sich dabei um nichts weniger als den Beweis, dass es gar keine kreditunwürdigen Hypothekenkunden gab und auch nie mehr geben würde, jedenfalls nur ganz wenige, wenn überhaupt.

Zehn Jahre des Booms im Immobilienmarkt hatten eine Statistik erzeugt, die zeigte, dass in diesen Jahren immer nur ein ganz kleiner Teil der Hypothekenkreditkunden zahlungsunfähig geworden war. Alles, was jetzt noch gebraucht wurde, war die intellektuelle Leistung, daraus zu schlussfolgern, dass eine solche lange Historie beweist, dass das auch in Zukunft so bleiben wird. Voilà! Damit können wir jetzt alle unsere Kreditrisikomodelle so einstellen, dass das Wachstum weitergehen kann.

Alle sind glücklich.

Die Bank kann ihr Geschäft weiter wachsen lassen.

Die Kunden bekommen ihr Häuschen.

Die Ratingagenturen dürfen fleißig mithilfe der neuen Daten gute Ratings vergeben.

Die Investmentbanken platzieren die Verbriefungen.

Die Investoren glauben, ein Schnäppchen zu machen.

Und die Politik erreicht ihr Ziel: flächendeckendes Immobilieneigentum für den kleinen Mann.

Da befanden wir uns gewissermaßen im Garten der Lüste.

Erstaunlich ist eigentlich nur, dass die Politik, die das Ganze losgetreten hat, es geschafft hat, ungestraft mit dem Finger auf alle anderen Beteiligten zu zeigen, als die Party im Katzenjammer einer explodierenden Spekulationsblase endete. Dabei vereinte sie Kläger, Richter und Henker der Delinquenten in einer Institution.

Nun ist es natürlich richtig, dass diese gewaltige Blase mit ihrer enormen Fehlallokation finanzieller Ressourcen nicht möglich gewesen wäre, wenn nicht jeder der Beteiligten (zum Teil sehenden Auges für das Risiko, aber mit dem Ziel der profitablen Selbstoptimierung) die Entscheidungen getroffen hätte, die diese sogenannte Kreditpipeline am Leben erhielten.

Was für eine Anreizstruktur hatte jeder Einzelne der Akteure?

Beginnen wir mit den Bankkunden, die Immobilienkredite aufnahmen

Was tun Sie als kleiner Arbeitnehmer, wenn eine Bank Ihnen einen Kredit, den Sie nie zu bekommen gehofft haben, geradezu aufdrängt, damit Sie sich ein Haus kaufen können, das schöner und größer ist als Ihre Mietimmobilie und dazu noch pro Monat weniger Zinsen kostet, als Sie bisher an Miete gezahlt haben? Genau, Sie kaufen ein Haus auf Kredit.

Das kann man Ihnen auch nicht übel nehmen, weil Ihnen der winzige Haken nicht aufgefallen ist, der im Kleingedruckten des Kreditvertrages stand. Die Zinsen, die Sie zahlen, werden alle drei Monate an die kurzfristigen Kapitalmarktzinsen angepasst, also an eines der vielen -BORs, zum Beispiel LIBOR, EURIBOR, oder an den Dreimonatssatz der Zentralbank. Da die Zinsen zeitweise nur 1 Prozent betrugen, konnte man einen Kredit von 1 Million US-Dollar mit einer jährlichen Belastung von nur 10 000 US-Dollar bedienen, das sind rund 830 US-Dollar im Monat.

Tilgung war keine erforderlich, denn unser fleißiger Häuslebauer würde das Haus irgendwann – mit Gewinn! – verkaufen und so nicht nur den Kredit zurückzahlen, sondern auch noch sein Vermögen mehren, sofern er diesen künftigen Vermögenszuwachs nicht schon zuvor in Konsum umgesetzt hatte.

Die Flexibilität der Zinsen von Hypothekenkrediten gehört zu den Missverständnissen des Verbraucherschutzes in den USA. Irgendwann meinte ein Richter, dass es unfair sei, unwissende Konsumenten Kreditverträge unterzeichnen zu lassen, welche die Höhe der Zinsen auf zwei oder gar zehn Jahre festschreiben, weil sie dann ja nicht von fallenden Zinsen profitieren könnten. So eine Klausel sei wohl sittenwidrig, weil der unwissende kleine Konsument ja gar nicht wisse, was er da unterschreibe, wenn er sich auf zehn Jahre festlegt.

Dass eine solche Klausel den Konsumenten umgekehrt auch vor steigenden Zinsen schützt, kam diesen Koryphäen solch moralinschwangeren und präskriptiven Verbraucher-»Schutzes« nicht in den Sinn. Und so kam es, wie es kommen musste, wenn gut meinende staatliche Institutionen die Vertragsfreiheit des Individuums beschneiden.

2005 begann sich der kurzfristige Zins in den USA erst langsam und dann immer schneller nach oben zu bewegen. Und wenn er von zum Beispiel 1 Prozent auf 3 Prozent steigt, dann verdreifacht sich natürlich auch die jährliche und monatliche Belastung. Also muss der stattlich residierende Kreditnehmer jetzt 30 000 US-Dollar pro Jahr aufbringen.

Wenn er die nicht hat, dann gibt es in den USA einen simplen Ausweg. Er schickt der Bank die Schlüssel für das Haus, und das war es. Mit seinem übrigen Privatvermögen haftet er in aller Regel nicht. Allerdings muss er das Haus dafür auch hergeben. Das ist dann für viele Kreditnehmer nicht witzig. In der Folge verklagten zahllose Betroffene die Banken nach der Devise: »Ihr habt uns Kredite aufgeschwatzt, von denen euch klar war, dass wir sie nicht bedienen können, und jetzt wollt ihr dafür auch noch Zins und Tilgung. So geht's nicht.«

Die Hypothekenbanken

Wenn es in der Vergangenheit ein Geschäft gab, das unter der Rubrik »langweilig« im Lexikon zu finden war, dann wahrscheinlich das Geschäft mit hypothekenbesicherten Immobilienkrediten. Der Erwerber einer Immobilie bringt 30 bis 50 Prozent des Kaufpreises als Eigenkapital auf, den Rest leiht er sich und zahlt dann über 10 bis

25 Jahre mit monatlichem Zins und Tilgung den Kredit ab. Wenn er sein Einkommen verliert, wird die Immobilie veräußert und der nicht beliehene Teil bildet in aller Regel einen Risikopuffer, der so groß ist, dass er nur in den allerseltensten Fällen oder bei Panikverkauf tatsächlich verbraucht wird.

So bleibt das Hypothekengeschäft auch dann für die Bank so gut wie verlustfrei, wenn einzelne Kreditnehmer zahlungsunfähig werden. Alles, was die Bank tun muss, ist, sich beim Verleihen ihres Geldes auf solche Kreditnehmer zu beschränken, deren dauerhaft erzielbares Einkommen ausreicht, um Zins und Tilgung aufzubringen, und den Kreditbetrag auf 60 bis 70 Prozent des geschätzten Wertes der Immobilie zu begrenzen. Nicht mal die Schätzung muss sie dabei selbst machen, dafür gibt es vereidigte Sachverständige.

Eigentlich narrensicher, sollte man meinen.

Eben nicht. Wie wir oben gesehen haben, war ja die Nachfrage groß und die verzerrte Statistik eines zehnjährigen Booms führte dazu, dass die Werte der Immobilien immer weiter stiegen.

Was also sprach dagegen, nicht den aktuellen Wert, sondern den zukünftigen Wert einer Immobilie zu beleihen?

Und wenn man schon dabei war, Wachstumsmärkte im Immobilienkreditmarkt zu erschließen, bot es sich doch an, solchen Hauseigentümern, deren Immobilie seit dem Kauf vor ein oder zwei Jahren im Wert gestiegen war, eine Aufstockung des Hypothekenkredits anzubieten. Verwendung dafür bot die verführerische Fülle des mit Importen aus Europa und China explodierenden Konsumangebots. Sie reichte von billig bis edel und teuer. Ein neues Auto für die standesgemäße Garage? Urlaub? Eine neue Garderobe? Alles finanzierbar mit der Wertsteigerung der eigenen Immobilie.

Wenn da nur nicht die leidige Tatsache wäre, dass eine Bank mit begrenztem Eigenkapital eben nicht unbegrenzt Kredit ausreichen kann. Hier kam nun die Verbriefung zum Zuge. Eine kleine Hypothekenbank mit einem Eigenkapital von 1 Milliarde US-Dollar zum Beispiel kann kaum wesentlich mehr als 10 Milliarden US-Dollar an Kredit ausreichen, dann ist ihr Eigenkapital »gebunden«. Verkauft sie aber die Forderungen an Investoren, wird das Eigenkapital zur Risikoabsicherung dieser Kredite wieder freigesetzt und kann für neue Kredite verwendet, gewissermaßen »recycelt« werden. Und das geht beliebig oft.

Ein Perpetuum mobile der Finanzwirtschaft, sozusagen.

Die Bank stützt ihr Geschäftsmodell dann allerdings nicht mehr auf die Kreditmarge, also auf das Prinzip, dass sie sich das Geld zum Beispiel zu 2 Prozent leiht und dann zu 2,5 Prozent verleiht und von der Differenz ihre Kosten und ihren Gewinn finanziert. Vielmehr lebt sie davon, dass sie ein Gebührenmodell einführt, bei dem sie durch jeden neuen Immobilienkredit wie eine Art Makler eine Gebühr verdient und außerdem hofft, beim Verkauf der Forderung einen Teil des Barwertes der Zinsmarge vereinnahmen zu können.

Die Profitabilität der Bank wird in dieser neuen Welt dadurch maximiert, dass sie ein möglichst großes Kreditvolumen vergibt und dieses dann so schnell wie möglich an Investoren weiterreicht. Der schöne Anglizismus vom »originate and sell« wurde als das »strategische Endspiel der Kreditwirtschaft« gepriesen. Einen nicht geringen Anteil an der flächendeckenden Durchsetzung dieses Modells hatte übrigens die Beratungsindustrie, die den Vorständen der Banken klarmachte, dass sie im Wettbewerb untergehen würden, wenn sie diese neue Welt nicht verstünden und sich an ihr ausrichteten.

Welche Anreize schafft dieses Modell für die Bank? Zunächst kollidiert die Idee einer Maximierung des Kreditvolumens schon per se

mit dem Gedanken, dass jeder Kredit vor der Vergabe einer an-
spruchsvollen Risikobewertung im Sinne einer Bonitätsbewertung
des Kreditnehmers und einer Werteinschätzung der gestellten Sicherheit unterzogen wird. Dieser Teil des Bankgeschäfts wird neben-
sächlich. Dass das überhaupt möglich war, war übrigens eine direkte
Folge des Umstandes, dass man Basel II in den USA, im Gegensatz
zu Europa, nicht flächendeckend eingeführt hat.

Basel II hätte die Banken gezwungen, jeden Kredit mithilfe standardisierter interner Ratingverfahren auf Basis statistischer und somit
empirisch belast- und testbarer Verfahren zu bewerten. Eine massen-
weise Vergabe von Krediten ohne eine solche Grundlage hätte über
kurz oder lang dazu geführt, dass die Bankenaufsicht das Problem
nicht mehr hätte übersehen können, es sei denn, sie hätte es absicht-
lich ignoriert. So was soll ja auch schon vorgekommen sein.

So gehört es zu den großen Missverständnissen der öffentlichen Diskussion um die Ursachen der Finanzkrise, dass man »Basel II« und
seine tatsächlichen oder wahrgenommenen Unzulänglichkeiten dafür mitverantwortlich gemacht hat. Diese Hypothese ist angesichts
der Realität in den US-Banken nicht haltbar.

Wir sehen also: In Summe hatten die Banken in dieser Welt, in der
sie die erzeugten Kredite schnell an Investoren abstoßen konnten,
jeden Anreiz, so viele Immobilienkredite wie möglich zu vergeben
und bei der Risikoprüfung fünf gerade sein zu lassen. Wollen wir ihnen verdenken, dass sie das im Sinne der Shareholder-Value-Philoso-
phie getan haben? Zumal ihnen die Ratingagenturen, zu denen wir
gleich kommen, und die Investmentbanken mit ihrer Platzierungskraft bei den Investoren ständig erklärten, dass sie auch aus Müll
(»Junk« klingt doch so viel besser, heißt aber übersetzt nichts anderes) noch Verbriefungen erstklassiger Qualität herstellen könnten?
Und zur Sorge überhaupt kein Anlass bestehe?

Die Ratingagenturen

Wie eingangs bereits erwähnt, ist es für die Verbriefung von Krediten entscheidend, dass man einen Käufer dafür findet. Typische Käufer von Wertpapieren sind institutionelle Investoren. Das sind Versicherungen, Pensionsfonds, Staatsfonds, Hedgefonds und – eigentlich paradoxerweise – auch andere Banken, aber dazu kommen wir noch. Diese Investoren sind in den meisten Fällen Einrichtungen, deren Investmentverhalten sehr stark an Regeln gebunden ist, um größere Unfälle oder Ausfälle zu verhindern.

Diese Kapitalsammelstellen verwalten in aller Regel das Geld anderer Leute, meistens kleiner Sparer, die ihnen das Geld mit dem Ziel einer sicheren Rente anvertraut haben. Diesen Sparern sind sie bis zu einem gewissen Grad auch rechenschaftspflichtig. Und wenn Sie eines als Manager eines solchen Instituts nicht wollen, dann ist es, den Leuten erklären zu müssen, dass ihr Geld weg ist. Das ist auf keinen Fall vergnügungssteuerpflichtig.

Eine der Sicherheitsbarrieren zur Vermeidung eines solchen Falls ist das Rating. Ein Rating ist nichts anderes als die Bewertung der Kreditwürdigkeit und damit indirekt der Verlustwahrscheinlichkeit eines Kreditprodukts. Das kann eine Staatsanleihe, eine Anleihe von Banken oder anderen Unternehmen oder eben auch eine Verbriefung sein.

Ratings beeinflussen die Entscheidungen der Investoren zum Kauf, Nichtkauf oder Verkauf einer Anleihe oder einer Verbriefung ganz entscheidend. Entweder fließen sie ein in die Risikoanalyse, die der Investor selbst vornimmt, oder, was sehr viel häufiger vorkommt, sie bilden die alleinige Grundlage einer solchen Entscheidung. Bis vor kurzer Zeit war es für viele institutionelle Investoren sogar so, dass sie bestimmte Papiere nicht einmal kaufen oder halten durften, wenn diese nicht ein bestimmtes Mindest-Rating aufwiesen.

Lassen Sie sich nicht erzählen, dass Investoren das Rating nur am Rande beachten oder dass sie das in Zukunft so machen würden, als könnten sie davon wirklich unabhängig werden. Das ist betriebswirtschaftlich schwer vorstellbar. Investoren müssen ihre Portfolien streuen, man spricht von diversifizieren. Das heißt, sie müssen viele verschiedene Papiere kaufen, damit nicht ein einzelner Unfall im Portfolio gleich zu einem Großverlust führt. Diversifikation ist eines der wichtigsten Instrumente zur Risikokontrolle.

Das bedeutet zugleich, dass der Investor über verschiedene Länder, Regionen, Branchen, Industrien und Kreditsegmente Know-how aufbauen müsste, wollte er die Leistung der Ratingagenturen für sich ersetzen. Der Aufwand ist mit derart hohen Fixkosten verbunden, dass kleine und mittlere Investoren sich das gar nicht leisten können, ohne massiv an Wettbewerbsfähigkeit einzubüßen. Selbst große und sehr große Investoren mit Anlagevolumina von mehreren Hundert Milliarden Euro bewerten in der Regel nur 60 bis 70 Prozent ihres Portfolios selbst.

Außerdem dient ein gutes Rating dem Management eines institutionellen Investors etwas derb ausgedrückt, aber in der Branche durchaus üblich als »CMA«, ausgeschrieben »Cover my Ass«. Niemand wurde je entlassen, weil er in ein von S&P AAA-bewertetes Instrument investiert hat, denn Manager und ihre Kontrolleure (und das gilt nicht nur für Vermögensverwalter, sondern für praktisch alle Branchen) sind nicht weniger markenorientiert als eine 15-Jährige beim Shopping.

Deshalb beziehen sie Wirtschaftsprüfung bei den »Big Four«, Strategieberatung bei den »Mackies« und Ratings bei den »Big Three«, also S&P, Moody's oder Fitch. Ein Top-Rating gilt – trotz aller Fehlleistungen der Vergangenheit – eben immer noch als erstklassiges CMA, wenn doch mal etwas passiert. Dafür verliert man in der Regel nicht den Job.

Dass dabei die Kreditkarte heiß läuft, stört hier ebenso wenig wie auf der Shoppingmeile, denn in beiden Fällen muss man die Rechnung für die Dienstleistung nicht selbst begleichen. Auf der Einkaufsmeile tut das die »Bank of Dad« und im Wirtschaftsleben der Aktionär.

Welche Rolle spielten die Agenturen nun bei der Verbriefung von Immobilienkrediten in den USA?

Risk-Management für Anfänger

Die Bank, welche die Kredite vergeben hat, bündelt sie in einem sogenannten »Special Purpose Vehicle«, also zum Beispiel einer kleinen Limited, und beauftragt dann die Ratingagentur, das resultierende Portfolio zu bewerten. Die Bewertung eines Portfolios ist, wie man sich leicht vorstellen kann, ein wenig komplizierter als die Bewertung eines einzelnen Kredits. Beim einzelnen Kredit kommen meistens Verfahren zum Einsatz, bei denen über Finanzkennzahlen, harte und weiche qualitative Faktoren sowie durch Beleuchtung unterschiedlichster Risiken ein Urteil destilliert wird, welches auf eine Ausfallwahrscheinlichkeit hinausläuft, also auf die Wahrscheinlichkeit, dass ein Kunde seinen Kredit nicht zurückzahlt.

Wurden im Zuge des Kreditvertrages Sicherheiten gestellt, wird zudem abgeschätzt, was diese Sicherheiten bei ihrem Verkauf im Fall eines Ausfalls erbringen und wie damit der Schaden für den Kreditgeber begrenzt bzw. reduziert werden kann. Diese beiden Faktoren, nämlich die Ausfallwahrscheinlichkeit und der Verlust im Verzugsfall, erlauben die Berechnung des sogenannten »erwarteten Verlustes«.

Haben Sie beispielsweise einen Kredit über 1 Million Euro vergeben und über die Finanz- und andere Kennzahlen eine Ausfallwahrscheinlichkeit von 2 Prozent geschätzt (also von 100 vergleichbaren Krediten werden pro Jahr 2 in Zahlungsverzug kommen) und verbinden Sie das mit einer Sicherheit durch eine Immobilie, die im Verwertungsfall 500 000 Euro Erlös erbringt, dann können Sie den erwarteten Verlust ganz einfach ausrechnen.

Der Verlust im Verzugsfall wird in diesem vereinfachten Beispiel 50 Prozent betragen. Das ist der Teil des Kredites von 1 Million Euro, der über die Sicherheit von 500 000 Euro hinausgeht. Die Wahrscheinlichkeit, dass dieser Fall eintritt, beträgt pro Jahr 2 Prozent, sodass der erwartete Verlust das Produkt aus 2 Prozent und 50 Prozent ist, also 1 Prozent. 1 Prozent von 1 Million Euro sind 10 000 Euro. Diese Zahl ist ein zentrales Maß des Kreditrisikos, Ihre erwarteten Kosten müssen im Normalfall durch die im Zins für den Kredit enthaltene sogenannte Risikoprämie abgedeckt werden.

Sie sehen, es handelt sich hier im Grunde um eine statistische Messgröße. Wie jeder, der die Grundlagen der Wahrscheinlichkeitsrechnung in der Schule oder an der Universität in dem für die meisten quälenden Kurs »Statistik I – beschreibende Statistik« erlernt hat, zeichnet sich diese Wissenschaft vor allem durch eine ihrer inhärenten Bescheidenheit entspringenden Kernaussage aus, die da lautet: Erstens kommt es anders und zweitens als man denkt.

Für diese Aussage hat die Statistik das Konzept der »Verteilung« erfunden oder entdeckt, je nachdem, welcher philosophischen Richtung bei der Betrachtung der Natur der Mathematik man folgen mag. Der Erwartungswert, in unserem Fall der erwartete Verlust, ist nur der Mittelwert dieser Verteilung. Die Realität, also das, was in Zukunft dann wirklich passiert, weicht regelmäßig davon ab. Wie stark und wie häufig diese Abweichung ist, hängt eben von der Form der Verteilung ab bzw. drückt sich in ihr aus.

Die bekannteste und wegen ihrer Glockenform populärste Verteilung ist die »Standardnormalverteilung«, die den Vorteil hat, dass man sie durch nur zwei Kennzahlen vollständig beschreiben kann. Diese Simplizität enthebt uns komplizierter rechnerischer Notwendigkeiten. Deshalb ist sie im Risk-Management von Banken, Versicherungen und anderen Investoren sehr beliebt.

Neben dem Erwartungswert, dem Mittelwert der Verteilung, ist die Standardabweichung die zweite Messgröße. Die Standardabweichung ist gewissermaßen eine Aussage darüber, mit welcher Wahrscheinlichkeit wir eine Abweichung von dem erwarten, was wir eigentlich erwarten. Lassen sie mich das an einem Beispiel erläutern.

Ihre Tochter geht auf der lokalen Edeleinkaufsmeile Ihrer Stadt shoppen und sie haben ihr ein Budget von 150 Euro genehmigt (Sie Naivling!). Sie haben ihr dafür eine Kreditkarte überlassen (sind Sie jetzt komplett wahnsinnig?) und aufgrund Ihrer Erfahrungen in der Vergangenheit erwarten Sie, dass sie ihr Budget um 50 Euro überschreitet. Der Erwartungswert der Kosten dieses Samstagvormittags beträgt damit 200 Euro. Sie haben es aber auch schon mal erlebt, dass sie ihr Budget einhält (zum Beispiel, wenn wegen eines schulischen Ausrutschers gutes Wetter gemacht werden muss), und Sie haben auch schon erlebt, dass das Budget nicht um 50, sondern um 100 Euro überschritten wurde. (Es muss Ihnen doch klar sein, dass 250 Euro für diese einmaligen Gucci-Treter eigentlich das Schnäppchen des Jahrhunderts sind und so eine Gelegenheit nicht wiederkommt, oder?)

Ich sehe, Sie verstehen, worauf ich hinauswill. Der Mittelwert ist eben nur ein Mittelwert, und das Ergebnis weicht am Ende meistens davon ab.

Diese Abweichung vom Erwarteten nennt man im Kreditrisikomanagement »unerwarteten Verlust«. Das ist eigentlich eine paradoxe Wortwahl, wenn man bedenkt, dass wir die Abweichung vom Erwarteten mit einiger Sicherheit erwarten dürfen. Dieser unerwartete Verlust verursacht ebenfalls Risikokosten. Diese Risikokosten sind unmittelbar verknüpft mit dem Eigenkapital der Bank, weil dieses Eigenkapital dazu dient, unerwartete Verluste abzufedern.

Je riskanter ein Kredit im Sinne des erwarteten Verlustes ist und je mehr sogenannte Risikokumule (Anhäufung gleichartiger Risiken) und Risikokonzentrationen (dazu gleich mehr) in einem Kreditportfolio vorhanden sind, umso größer ist auch der unerwartete Verlust und umso mehr Kapital braucht eine Bank, um sich gegen die erwarteten unerwarteten Ereignisse zu versichern. Dieses Kapital kostet Geld, weil es vom Aktionär zur Verfügung gestellt werden muss, der dafür zu Recht eine Rendite erwartet, die das Risiko auch reflektiert.

Verkauft nun die Bank ein Bündel Kredite an einen Investor, überträgt sie das gesamte Risiko an ihn. Also den erwarteten, wie auch den unerwarteten Verlust und die damit verbundenen Kapitalkosten. Der unerwartete Verlust ist umso größer, je stärker ein Portfolio konzentriert ist. Was bedeutet das? Wenn ihr Portfolio nur aus wenigen Krediten besteht, sagen wir drei, die alle unbesichert sind, und jeder Kredit eine Ausfallwahrscheinlichkeit von 2 Prozent hat, dann bedeutet bereits der Ausfall eines einzigen Kredites, dass im Gesamtportfolio ihr Verlust 33 Prozent beträgt.

Jetzt nehmen Sie ein Portfolio von 1000 Krediten mit einer Ausfallrate von 2 Prozent. Hier dürfen Ihnen 20 Kredite ausfallen, bis Sie den erwarteten Verlust überschreiten. Es sollte selbsterklärend sein, dass die Verteilung auf mehr Kredite (Diversifikation) die Möglichkeit eines großen Unfalls im Portfolio im Prinzip senkt.

Korrelation und Risikomodelle

Als die Sowjetunion noch existierte, wurden die ihrem System inhärenten Absurditäten mit einer speziellen Klasse von Witzen kompensiert, den sogenannten Radio-Eriwan-Witzen. Sie folgten immer dem gleichen Sprachduktus. Eine Frage wurde mit »Im Prinzip ja, aber ...« beantwortet. Beispiel: Frage: Ist Stalins Todestag in der glorreichen Sowjetunion ein Feiertag? Antwort: Im Prinzip ja, aber unterstehen Sie sich zu feiern!

So ähnlich ist es mit der Diversifikation auch. Frage: Wird durch Diversifikation das Risiko eines unerwarteten Verlustes gesenkt? Antwort: Im Prinzip ja, wenn nicht alle Kredite an denselben Kreditnehmer vergeben wurden.

Es leuchtet ein, dass, wenn dieser ausfällt, alle von ihm aufgenommenen Kredite davon betroffen wären. Wenn es also versteckte oder offene Zusammenhänge zwischen den Krediten eines Portfolios gibt, dann erhöht das die Wahrscheinlichkeit, dass sie gleichzeitig umkippen, und das wiederum erhöht den unerwarteten Verlust und die mit ihm verbundenen Risikokosten. Diesen Effekt der wechselseitigen Abhängigkeit nennt man Korrelation.

Wenn Sie nun ein Bündel von Krediten einem Rating unterziehen, ist es daher nicht nur notwendig, die erwarteten Verlustberechnungen jedes einzelnen Kredites zu kennen, sondern darüber hinaus die Korrelation zwischen den Krediten. Sie müssen also die Faktoren identifizieren, die die Wahrscheinlichkeit des gleichzeitigen oder fast gleichzeitigen Ausfalls von zwei oder mehr Krediten erhöhen.

Um im Beispiel zu bleiben: Wenn Sie zwei Töchter zum Einkaufen auf die Shoppingmeile Ihrer wunderschönen Metropole loslassen, kann ein gemeinsamer Treiber explodierender Budgetüberschreitungen die simple Tatsache eines Schlussverkaufs oder das gegenseitige Aufschaukeln ihrer Sprösslinge im Kaufrausch sein. Besser ist es, wenn Sie das vorher abschätzen können. (Also ein Gucci-Treter für 250 Euro und – Tadaaa! – zwei für 350 Euro. Ihnen muss klar sein, dass es billiger eigentlich nur noch gestohlen geht, bei 100 Euro Grenzkosten für 380 Gramm mit Leder überzogenes Plastik, oder?)

Um das zu verstehen, bedienen sich Banken und Ratingagenturen sogenannter Kreditportfoliomodelle. Ich muss Sie gar nicht mit den komplexen mathematisch-technischen Details solcher Modelle belästigen, denn auch so ist es leicht nachvollziehbar, dass man als Bank, wenn man die wahren Zusammenhänge der Korrelation nicht kennt oder sie einfach nonchalant ignoriert, obwohl sie offenkundig sind, mit seinem nobelpreisverdächtigen Supermodell schiefliegen wird.

Und in der Tat gab es einen Faktor, der auf diese Weise geflissentlich übersehen oder übergangen wurde. Dieser Faktor war der oben bereits in anderem Zusammenhang erwähnte variable Zinssatz auf die Kredite.

Zinsen als Zünder

Wenn die Zinsen über einen sehr langen Zeitraum fallen und damit einen Immobilienboom befeuern, führt dies über lange Zeit zu sehr geringen Ausfallraten. Selbst wenn ein Kreditnehmer zahlungsunfähig wird, kann er die Immobilie mit Gewinn verkaufen und so der Bank einen Verlust ersparen. Als in den Jahren 2003 und 2004 den Banken die guten Kreditnehmer allmählich ausgingen, weil ihre Wachstumsstrategie nur möglich war, indem man in immer riskantere »Kundensegmente« vordrang, kamen auch immer mehr Immobilienkäufer in die Portfolien, für die schon eine geringe Erhöhung der Zinsen eine Überforderung ihrer Finanzkraft bedeutete.

Steigende kurzfristige Zinsen wurden so zum gemeinsamen Treiber des zeitgleichen plötzlichen Ausfalls vieler Kredite. Dieser Zusammenhang war auch schon vor der Krise bekannt. Er wurde nur ausgeblendet, weil das Szenario eines Zinsanstiegs seit einem Jahrzehnt nicht mehr Realität gewesen war und die nur mit Daten aus Boom-Zeiten unterlegten Modelle diesen Fall einfach nicht mehr vorsahen.

Dass Zinsen aber nicht »ewig« fallen können, wird schon dadurch klar, dass es nur unter Bedingungen von Kapitalflucht (im Zielland des Kapitalstroms) oder Kapitalverkehrskontrollen möglich ist, negative nominale Zinsen zu haben. Es hätte also klar sein müssen, dass sich dieser Trend auch einmal umkehren kann. Das nicht adäquat zu berücksichtigen, war also eine möglicherweise bewusste Entscheidung der Ratingagenturen.

Die Rolle der Ratingagenturen

Die Ratingagenturen wurden dafür bezahlt, dass sie ein Rating vergaben, das die Verbriefung und den Verkauf an Investoren förderte und nicht behinderte. Sie hatten ein konkretes Interesse daran, diesen Wachstumsmarkt nicht durch schlechte Ratings zu behindern. Hier wurden die institutionellen ordnungspolitischen Probleme der Ratingindustrie sichtbar, die sich in vier Punkten zusammenfassen lassen:

1. Der Interessenkonflikt des Bezahlmodells

Bezahlt wird die Ratingagentur vom Emittenten der Papiere, also eigentlich vom Kreditnehmer, der Geld von den Investoren möchte und ein Interesse daran hat, dass seine Anleihen und Verbriefungen in einem möglichst vorteilhaften Licht erscheinen. Die daraus resultierenden Anreize für die Ratingagentur lassen sich nicht wegdiskutieren und auch nicht wirklich »managen«. Dieser Interessenkonflikt kann letztlich nur durch die Abschaffung des Emittenten-basierten Bezahlsystems und seinen Ersatz durch ein Investorenbezahlmodell gelöst werden. Das können aber die Agenturen nicht ohne die Hilfe der Politik und der Finanzmarktaufsicht leisten.

2. Der Interessenkonflikt der Beratung

Bis zur Neuregelung bzw. dem Verbot von Beratungsdienstleistungen durch Ratingagenturen beschränkte sich das Geschäftsverhältnis zu den Hypothekenbanken, die Verbriefungen emittierten, nicht auf das Rating selbst, sondern man half dem Kunden auch, die Verbriefung so zu »strukturieren«, dass ein optimales Rating erzielt werden konnte. Das ermöglichte einen für die Bank optimalen Verkaufspreis des Papiers. So hat die Ratingagentur letztlich ihr eigenes Produkt benotet.

Obwohl dies zwischenzeitlich untersagt ist, hat die Praxis an entscheidender Stelle überlebt, und zwar in Form des »indikativen Ratings«. Ein Emittent bittet vor Auftragsvergabe die Agentur, ein »vorläufiges« Rating zu erstellen. Es kann kaum überraschen, dass die Auftragsvergabe dann unter anderem mit dem Ergebnis dieser Übung in einem gewissen Zusammenhang steht. Streng genommen ist ein indikatives Rating nichts anderes als eine abgespeckte Beratungsdienstleistung zum Zweck des Marketings und auch sie sollte zur Reduzierung des Interessenkonfliktes untersagt werden. Alles andere wird die Praxis des »Rating-Pickings« nicht beenden. So schaukeln sich der Interessenkonflikt des Bezahlmodells und der Interessenkonflikt der Verquickung von Beratung und Rating in ihrer Wirkung gegenseitig hoch.

3. Die Monopolstruktur der Ratingindustrie

Drei Institute – Standard & Poors, Moody's und Fitch – beherrschen den Markt mit einem Weltmarktanteil von über 95 Prozent. Die beiden größten, S&P und Moody's, kontrollieren 80 Prozent des Marktes und haben darüber hinaus eine starke Überlappung ihrer Aktionärsstruktur. Weniger als zehn identische Unternehmen verfügen in beiden Agenturen über die effektive Hauptversammlungsmehrheit. Man kann sich schwer vorstellen, wie diese Konstellation einen funktionierenden Preis- und Qualitätswettbewerb befeuern soll, zumal alle drei großen Agenturen Aktiengesellschaften und somit dem Shareholder-Value, also der Gewinnmaximierung, verpflichtet sind.

Vor dem Hintergrund, dass die meisten Emittenten wenigstens zwei Ratings benötigen, läuft diese Struktur auf eine monopolistische Situation hinaus. Das Ergebnis sind hohe Preise mit Gewinnmargen von 40 bis 60 Prozent auf den Umsatz. Wenige andere Dienstleister haben eine solche Preismacht und nutzen sie auch aus. Auch auf der Qualitätsseite hält sich der Wettbewerb in Grenzen. Im Prinzip folgen alle drei einer Ratingphilosophie, die man wohl am besten als »qualitativ analytisch, expertenbasiert« beschreiben kann.

Der weitgehende Einheitsbrei dieser Methodik und ihr inhärenter Mangel an Nachrechenbarkeit, Nachvollziehbarkeit und Konsistenz führt natürlich dazu, dass die Wahl eines für die Risikobewertung falschen oder unzureichenden Ansatzes in einzelnen Segmenten zu erheblichen Problemen führen kann, mit einer gewaltigen Fehlallokation von finanziellen Ressourcen in Investments, die die Investoren sonst so nie getätigt hätten. Das ist genau das, was bei den Verbriefungen passierte.

4. Der Mangel an Produkthaftung

Die Ratingindustrie ist eine Branche mit rund fünf Milliarden US-Dollar Umsatz pro Jahr, wovon zwei bis drei Milliarden US-Dollar als Gewinn übrig bleiben. Sie wird für die Erstellung ihrer Produkte von externen Auftraggebern bezahlt. In ihrem eigenen Selbstverständnis erzeugt sie aber gar kein Produkt. Was Ratingagenturen tun, sind nach ihrer Auffassung rechtlich gesehen Meinungsäußerungen. Qualitativ ungefähr so einzustufen, als wenn Person A das Wetter am Wochenende bescheiden findet (»Es regnet, da wird's nichts mit Grillen«) oder toll findet (»Es regnet, da wachsen die Rüben auf meinem Feld«). Eine Meinung fällt gemäß der US-Verfassung unter die absolute Freiheit, diese zu äußern. Man kann dafür nicht haftbar gemacht oder zur Verantwortung gezogen werden.

Und jetzt stellen Sie sich vor, welche Anreize das schafft, wenn die Platzierung von buchstäblich Tausenden Milliarden von Euro und Dollar am Kapitalmarkt von Ihrer Meinung abhängt und Sie dafür selbst dann nicht haftbar gemacht werden können, wenn Ihr Werk grob fahrlässig oder vielleicht sogar vorsätzlich falsch erstellt worden ist. In Verbindung mit der Tatsache, dass der Emittent Sie bezahlt und aufgrund der Monopolstruktur nicht an ihnen vorbeikommt, und mit dem Anreiz, Milliarden zu verdienen, kann man sich ausmalen, dass ein komplexes Gemisch von eigenen Interessen die Akteure nicht völlig unbeeinflusst lässt.

So waren es dann schließlich die guten Noten der Agenturen für die verbrieften Kredite, die den Verkauf an Investoren weltweit und eine Ausdehnung dieses Marktes von 300 auf 3000 Milliarden US-Dollar ermöglichten. Dabei fehlte es in den Agenturen keineswegs an warnenden Stimmen, dass die Qualität der immer noch mit »Investment Grade« bewerteten Papiere einer Erosion unterlag. Allein, das Geschäft war zu lukrativ, um solchen Spielverderbern Raum zu geben.

Es wäre aber ganz falsch, jetzt in den Ratingagenturen die Allein- oder gar Hauptverantwortlichen für das Desaster zu sehen oder ihnen die institutionellen Probleme ihrer eigenen Industrie anzukreiden. Es waren politische Entscheidungen, die dafür gesorgt haben, dass diese Strukturen so entstehen konnten, ja entstehen mussten!

Rating als systemische Risikoquelle

Fangen wir mit der Frage an, warum Ratings in den Entscheidungsprozessen von Investoren überhaupt diese überragende Bedeutung erlangt haben. Ganz einfach: Die Gesetze, die von der Politik gemacht und von staatlichen Aufsichtsbehörden durchgesetzt wurden, erzwangen dies.

Ein Versicherungsunternehmen, insbesondere eine Lebensversicherung oder ein Pensionsfonds beispielsweise, unterliegt Regeln, die es ihm untersagen, in Kreditprodukte zu investieren, die kein Rating haben oder die ein Rating haben, das schlechter als BBB ist. Auch wenn es diese Papiere bereits gekauft hat, wird es gezwungen, sie im Falle einer Herabstufung durch die Agentur unter dieses Ratingniveau (oder andere definierte Grenzen) zu verkaufen. So haben in der Vergangenheit Herabstufungen durch Agenturen völlig irrationale, aber vom Gesetz erzwungene Verkaufswellen von Kreditpapieren ausgelöst und damit Abwärtsspiralen an den Märkten in Gang gesetzt oder verstärkt. Dafür die Investoren oder Agenturen verantwortlich zu machen, vertauscht Ursache und Wirkung. Immerhin ist man zurzeit bemüht, diesen Unsinn abzustellen.

Solange alles gut lief, hat den Agenturen ihre Rolle als Quasi-Regulator natürlich gefallen. Wem gefällt es denn nicht, wenn er Macht und Geld per staatliches Dekret bekommt? Und Hand aufs Herz: Wer hätte denn anstelle der Agenturen gesagt: »Liebe Politiker, so geht das nicht, ihr schaufelt uns Geld in den Kohlenkeller ohne Ende und betreibt ein Outsourcing originärer regulatorischer Kompetenzen über die Finanzindustrie an uns, das könnt ihr so nicht machen!« 99 Prozent der Menschen, die ich kenne, wären stattdessen zum Lachen in den Keller gegangen.

Und wie kam es zu der monopolartigen Struktur dieser Industrie? Hier gab es ein interessantes Zusammenwirken von Marktkräften und staatlicher Intervention. Rating als Dienstleistung kann auf die Dauer nur funktionieren, wenn ein Mindestmaß an Glaubwürdigkeit in die ausführende Institution vorhanden ist. Fairerweise muss man sagen, dass es den großen Agenturen bis zur Finanzkrise trotz des einen oder anderen Unfalls gelungen war, diese Glaubwürdigkeit auch zu rechtfertigen.

Diese Glaubwürdigkeit hat aber enorme Skaleneffekte zur Grundlage. Rating ist ein Markenprodukt, es erfordert erhebliche Ressourcen, um über alle relevanten Länder, Regionen, Industrien und Kreditsegmente hinweg Ratings zu erstellen, die auf Basis einer einheitlichen Skala auch wirklich miteinander vergleichbar sind. Für den Investor hat es enorme Bedeutung, dass ein AAA für eine Bank in Nordamerika die gleiche Aussage beinhaltet wie ein AAA für ein Land in Europa oder eine Unternehmensanleihe aus Japan. Oder eben eine Immobilienkreditverbriefung aus Kalifornien.

Diese »Economies of Scale« machen die Ratingindustrie im mikroökonomischen Sinne zu einem »natürlichen Oligopol«. Es ist kein Platz für 50 globale Ratingagenturen. Es ist bestenfalls Platz für 5 bis 8, wenn überhaupt. Es ist natürlich nicht so, dass deshalb kein Wettbewerb stattfindet. Airbus und Boeing sind dafür ein hervorragendes Beispiel. Beide gemeinsam beherrschen den Markt für große Verkehrsflugzeuge zu praktisch 100 Prozent. Dennoch findet zwischen ihnen ein intensiver Wettbewerb statt, der zeitweise sogar ruinöse Züge annimmt, sehr zum Vorteil der Airlines und ihrer Kunden.

Bereits bei dem deutschen Ökonomen Heinrich Freiherr von Stackelberg (1905–1946) kann man nachlesen, dass ein Duopol oder Oligopol zwei Ausprägungen annehmen kann: Eine, in der der Wettbewerb funktioniert, dann ist er sogar intensiver, als im atomistischen Konkurrenzmodell, und eine, in der die geringe Zahl der Anbieter zu Strukturen führen kann, die in Kartelle mit einer monopolistischen Preisbildung münden.

Wenn Sie nun nach dem Unterschied zur Ratingindustrie fragen, gibt es eine einfache Antwort: Boeing und Airbus haben nicht die gleichen Aktionäre, und man braucht keine zwei Flugzeuge, um zu fliegen. S&P und Moody's haben dagegen die gleichen Aktionäre und man benötigt für viele Anleiheausgaben zwei Ratings, um die Anforderungen von Investoren oder Regulatoren zu erfüllen.

Für die Politik war es zudem bequem, nur eine begrenzte Anzahl von Ratingagenturen als Umsetzer regulatorischer Anforderungen an Banken, Versicherungen und Pensionsfonds zu haben. Das reduzierte die Komplexität der Kommunikation und der Interpretation der vergebenen Ratings sowie ihre Vergleichbarkeit untereinander.

Es ist schwer zu sagen, ob dies die alleinige Motivation für den amerikanischen Gesetzgeber war, eine Lizenzpflicht für Nationally Recognized Statistical Rating Organisations, kurz NRSRO, einzuführen, deren Handhabung durch die US-Börsenaufsicht (SEC) über Jahrzehnte praktisch jeden Neuzugang zum Markt verhinderte. Dass dies auf Lobbyarbeit zurückzuführen sei, ist jedenfalls nicht bewiesen.

Eines muss mit Blick auf die Zukunft aber klar sein: Eine solche Konstruktion ist eine stetige und nicht versiegende Quelle systemischen Risikos. Sie hat jederzeit das Potenzial, gewaltige Risikokumule zu erzeugen und die Weltwirtschaft ins Trudeln zu bringen. Warum? Weil der größte Teil der weltweiten Ersparnisse in Kreditprodukte investiert wird. Es dürften etwa zwei Drittel sein. Entweder in Form von Staatsanleihen oder in Form von Unternehmensanleihen, und selbst dort, wo Kredite überwiegend von Banken an die Realwirtschaft vergeben werden, haben sich die Kreditinstitute dieses Geld vorher in der Regel am Kapitalmarkt von den Sparern geliehen.

Diese enormen Summen gehen alle durch das Nadelöhr von drei Agenturen, na ja, eigentlich nur anderthalb, wenn man bedenkt, dass die beiden größten 80 Prozent des Weltmarktes beherrschen und die gleichen Aktionäre haben.

Wenn an diesem Nadelöhr, wo die Entscheidungsgrundlagen für die Allokation von deutlich mehr als der Hälfte der weltweiten Ersparnisse gelegt werden, etwas schiefläuft, dann muss das zu gewaltigen Fehlallokationen von Ressourcen führen. Das ist in der Hypothekenblase passiert, und es kann jederzeit wieder passieren, weil das ein Konzentrationsrisiko ist, das man in Wahrheit nicht unter Kontrolle bringen kann.

Ein alternatives Bezahlsystem für Ratings

Es liegt in der Natur der Sache, dass die Agenturen dieses System verteidigen. Beruht doch ihr gesamtes Geschäftsmodell darauf, den Emittenten im Tandem mit den Investmentbanken auf diese Weise den Zugang zum Kapitalmarkt zu öffnen und offenzuhalten. Was die Wenigsten wissen: Bis Ende der 1960er-Jahre bezahlten nicht die Emittenten, sondern die Investoren die Ratingagenturen. Wie eine ferne Reminiszenz erinnert noch heute der volle Firmenname von

Moody's an diese um einen großen Interessenkonflikt ärmere Zeit: »Moody's Investors Services«.

Damals gab es eine großartige technologische Innovation aus dem Hause Xerox: den preiswerten Fotokopierer. Er sorgte dafür, dass einzelne Ratingberichte, von einzelnen Investoren von den Agenturen gegen Entgelt erworben, schnelle und praktisch kostenlose Verbreitung fanden. Die Ratingagenturen standen plötzlich vor dem gleichen Problem, wie die Musikindustrie beim Aufkommen des Internets. Der Anreiz, ihre Dienste in Anspruch zu nehmen, ohne sie adäquat zu bezahlen, der sogenannte »Free Ride«, hebelte das bestehende Geschäftsmodell aus.

Für die Agenturen war es eine existenzielle Notwendigkeit, ein alternatives Geschäftsmodell und damit ein Bezahlsystem zu finden, das den Free Ride wieder austrickste. Ihnen 40 Jahre später zu unterstellen, sie hätten das quasi konspirativ getan, um sich rücksichtslos auf Kosten der von der Allgemeinheit zu tragenden systemischen Risiken zu bereichern, ist an den Haaren herbeigezogener Unsinn.

Die Agenturen standen vor einer unternehmerischen Herausforderung, und sie haben darauf betriebswirtschaftlich vernünftig reagiert. Würde man daraus eine Harvard Business School Case Study machen, wäre sie mit Sicherheit ein Beispiel dafür, wie man eine strategische Herausforderung durch ein innovatives Geschäftsmodell bewältigt. Wirklich dumm für die Musikindustrie, dass hier die Analogie endet, sonst könnte sie künftig die Künstler für das Verlegen ihrer Musik bezahlen lassen.

Dass man damals nicht schlauer sein konnte, ist natürlich keine Entschuldigung dafür, das Problem jetzt, da es allseits bekannt und erkannt ist, zu ignorieren und einfach so weiterzumachen wie bisher. Aber gibt es eine Alternative?

Aus eigener Kraft können die Agenturen kein Investoren-basiertes Bezahlsystem etablieren, ohne dass der beschriebene Free Ride ihren Unternehmenswert zerstört. Das liegt an den Rahmenbedingungen, die den Investoren erlauben, zwar die Früchte dieser Arbeit in Anspruch zu nehmen, aber sich der Pflicht zur Zahlung dadurch zu entziehen, dass sie die Ratinginformation als quasi öffentliches Gut behandeln.

Wer also diesen Interessenkonflikt lösen will, muss auf die Politik schauen. Dort liegen schon seit Ende 2011 Vorschläge vor, insbesondere bei der Europäischen Kommission, die Voraussetzungen für ein Investoren-basiertes Bezahlsystem wie auch für einen intensiven Wettbewerb im Ratingmarkt zu schaffen. Dies wäre möglich durch die Schaffung eines zentralen »Marktplatzes für Ratings« bei Neuemissionen und Kontrahierungszwang für die Investoren auf den Primärmärkten. Dafür sind nur vergleichsweise zurückhaltende regulatorische Änderungen des Anleihemarktes erforderlich.

Es wäre also gar nicht so schwierig und aufwendig, die Rahmenbedingungen zu schaffen, die ein Investoren-basiertes Bezahlmodell ermöglichen, den Wettbewerb zwischen den Agenturen und die Transparenz der Ratings stärken und so die Anreizstruktur für die Akteure entscheidend verbessern. Das Modell sieht in seinen Grundzügen wie folgt aus:

➤ Man schafft einen zentralen Marktplatz, über den alle Neuemissionen von Kreditpapieren laufen müssen. Den Emittenten wird im Wege der Prospektregelungen auferlegt, dass alle Ratingrelevanten Informationen auf dieser Plattform zu veröffentlichen sind, sodass sowohl Ratingagenturen als auch Investoren, die ein eigenes Rating durchführen möchten, gleichberechtigten Zugriff auf die Daten haben. Das gilt auch für Analystenpräsentationen und Q&A-Sessions.

> Die Agenturen veröffentlichen dann ihre Ratings und Ratingberichte auf der Plattform. Bei der Emission des Papiers auf dem Primärmarkt wird dann der Investor durch Kontrahierungszwang gehalten, eines der Ratings auf der Plattform zu erwerben. Der Preis findet sich im Wettbewerb zwischen den Agenturen auf der Plattform.

> Der Investor kann vom Zwangserwerb eines Ratings für die von ihm erworbene Tranche einer Neuemission befreit sein, wenn er selbst ein Rating durchführt, das den gleichen regulatorischen Standards entspricht, wie sie auch für die Agenturen gelten. Damit wird für Investoren ein Anreiz geschaffen, sich von den Agenturen unabhängiger zu machen. Dieser Mindeststandard wäre durch die Wertpapieraufsicht (in Europa die ESMA, in den USA die SEC) festzulegen und zu überwachen. Am System teilnehmen darf jede Ratingagentur, die von der zuständigen Aufsicht lizenziert wird. Damit sind Mindestqualitätsstandards gesichert.

> Weil nur für Primäremissionen das Rating von der Agentur erworben werden muss, aber auf dem Sekundärmarkt dafür kein Erfordernis besteht (das Rating klebt gewissermaßen wie ein Nummernschild an der Tranche und wandert bei Veräußerung mit), führt ein Arbitragemechanismus dazu, dass der Emissionspreis von Anleihen im Vergleich zum Sekundärmarkt bei vergleichbarer Laufzeit und Risikostruktur um den Preis des Ratings niedriger sein wird. Damit ist sichergestellt, dass die Investoren keine zusätzlichen Lasten tragen müssen, sondern diese im Wege der Arbitrage an die Emittenten zurückgegeben werden.

Im internationalen Wettbewerb der Bezahlsysteme würde sich dieses Verfahren mit hoher Wahrscheinlichkeit durchsetzen, wenn es in Europa oder den USA eingeführt wird, weil die Emittenten keinen Anreiz mehr hätten, für die Ratings, die auf der Plattform ohnehin durchgeführt und veröffentlicht werden, noch mal im Wege des alten Systems an die Agenturen Geld zu zahlen.

Eigentlich ganz einfach. Man muss nur den Mut haben, sich von der Planwirtschaft des Rotationsverfahrens (oder ähnlicher sowjetinspirierter Ideen wie Auftragsvergabe für das Rating durch eine Behörde, das Los oder sonstigen Humbug made by Gosplan) zu verabschieden.

Bisher hat es die Politik komplett versäumt, solche Überlegungen ernsthaft zu prüfen. Sie greift stattdessen mit Ideen wie »Ratingrotation« und ähnlichen Instrumenten, die den Geist der Planwirtschaft atmen, in die Freiheit der Kapitalmarktteilnehmer ein. Man muss sich eben entscheiden: Will man Freiheit oder glaubt man, dass der Staat alles besser weiß?

Die Rotationsidee beinhaltet ganz einfach die Auflage an Emittenten, in einem bestimmten Turnus (nach zwei oder drei Jahren) oder nach einer bestimmten Anzahl von Emissionen die Ratingagentur zu wechseln. Auf diese Weise soll der Interessenkonflikt zwar nicht gelöst, aber doch entschärft werden. Na ja.

Wenn Sie drei Agenturen haben und zwei brauchen, um eine Emission zu platzieren, wie schnell wollen Sie dieses Rotationsrädchen denn dann drehen? Investoren brauchen für ein vernünftiges Kreditrisiko-Controlling eine konsistente und über die Zeit vergleichbare Ratinghistorie. Wird Fitch garantieren, dass ihre Ratings auf einer festgelegten Skala mit denen von S&P oder Moody's konsistent und vergleichbar sind? Wohl kaum. Umgekehrt auch nicht.

Außerdem: Wenn der Käufer einer Dienstleistung in so einem engen Anbietermarkt regelmäßig zum Wechsel gezwungen wird, wo bleibt denn da der Wettbewerb? Diese Methode stellt sicher, dass man nur warten muss, bis man an die Reihe kommt, es besteht keinerlei Notwendigkeit, durch Preis oder Leistung oder beides den Auftrag zu gewinnen. Einen Auftrag in einem funktionierenden Wettbewerb zu erstreiten ist zutiefst meritokratisch und gerecht, jede andere Methode ist es nicht, weil sie immer Elemente von Willkür in sich trägt.

Ein geschätzter Professor der Volkswirtschaftslehre an der Universität Freiburg hat es einmal in einer Vorlesung Anfang der 1980er-Jahre treffend formuliert: »Wenn Ihnen der Markt als Allokationsmechanismus von Gütern und Dienstleistungen nicht passt, dann gibt es dazu Alternativen. Eine davon ist Schlange stehen.« Ganz genau.

Die anderen Allokationsmechanismen, die noch zur Wahl stehen, sind Bürokratie (da wo man immer alles besser weiß, aber erfahrungsgemäß alles schlechter macht), Losentscheid (mittwochs oder samstags mit den Lottozahlen kommt die Ratingfee zur großen Kapitalmarkttombola) und Gewalt.

Nun, Letzteres ist nicht mal in Brüssel in die engere Wahl gekommen. Da haben wir ja noch mal Glück gehabt.

Ein neues Produkthaftungsregime

Die Definition von Ratings als Meinung und damit ihre Abschirmung von jeglicher Haftung ist eines der erfolgreichsten juristischen Konzepte, welche die Finanzindustrie je hervorgebracht hat. Wenn man bedenkt, dass alle drei großen Agenturen in den USA ihren Hauptsitz haben, und weiß, welche Kapriolen das mit dem System der Geschworenengerichte verknüpfte Konzept der Produkthaftung dort annehmen kann, könnte es einem fast in den Sinn kommen, Notwehr darin zu erblicken.

Ob Sie sich mit einem Kaffee bei McDonalds das Gemächt verbrühen, Ihre Katze in die Mikrowelle stecken oder Brems- und Gaspedal Ihres Audi miteinander verwechseln, Sie können davon ausgehen, dass es eine gewisse Wahrscheinlichkeit dafür gibt, dass Ihnen eine tränengetränkte Laienjury zu ihrem »Recht« verhilft und die Schuldigen nicht nur zur Kompensation Ihres Schadens verdonnert, sondern ihnen eine Strafe (die verdientermaßen Ihnen als Geschädigtem zufließt) aufbrummt, die sie so schnell nicht vergessen werden. Falls die Verurteilten das ökonomisch überleben. Erst in jüngster Zeit kommen Bemühungen in Gange, die schlimmsten Auswüchse dieses an juristische Piraterie grenzenden Systems zu beschneiden.

Wenn Sie also ein Produkt herstellen, das in Summe für Investitionsentscheidungen nicht im Milliarden- oder Multimilliarden-Bereich, sondern im Billionenbereich benutzt wird, können Sie vor diesem Hintergrund schon auf den Gedanken kommen, dass die Akzeptanz von Haftung suizidale Charaktereigenschaften voraussetzen würde. Und deshalb wird jeder Zentimeter Boden mit der gleichen Kampfeslust verteidigt, wie ein wassergefüllter Granattrichter vor Verdun 1917.

So, jetzt reicht es aber mit dem Verständnis.

Denn andererseits muss uns klar sein, dass es eine enorme gesamtwirtschaftliche Verantwortung beinhaltet, wenn buchstäblich Tausende von Milliarden US-Dollar und Euro die Ratingagenturen als Torwächter passieren, bevor sie investiert werden. Und die Agenturen sind dabei weder Behörden noch karitative altruistische Veranstaltungen. Sie sind Unternehmen mit dem Ziel der Gewinnmaximierung. Und wo gut verdient wird, da muss es auch Anreize für verantwortungsvolles Handeln geben, sprich Sanktionen. Und diese sind in ihrem Kern das Gleiche wie Haftung.

Die Kernfrage ist, wie man diese Haftung gestalten kann, ohne die Existenz der Agenturen, auf deren Arbeit das Gesamtsystem der Kapitalmarktakteure angewiesen ist, zu gefährden. Weiterhin muss man bedenken, dass die Haftung angesichts der ohnehin zu geringen Anzahl von Marktteilnehmern so gestaltet sein muss, dass sie im Zweifelsfall wehtut, aber nicht ruinös ist, da sonst hinterher nicht mehr drei, sondern nur noch zwei Ratingagenturen den Markt beherrschen.

Da wünscht man schon mal viel Spaß bei der Umsetzung des Rotationsprinzips.

Es muss also eine Haftungsbegrenzung geben, die je nach Schadensursache gestaffelt ist. Für Schäden aufgrund grober Fahrlässigkeit sollte dies ein festzulegendes Mehrfaches der für das Rating vereinnahmten Gebühren sein. Für vorsätzliches Fehlverhalten (was eigentlich nicht vorkommen sollte, aber angeblich vorgekommen ist) sollte ein Prozentsatz des Eigenkapitals oder des Jahresgewinns der Agentur als Kompensation festgelegt werden, damit es ein wenig mehr wehtut.

Es ist klar, dass dies im Vergleich zu einer reinen, am Verursacherprinzip orientierten Lösung als unbefriedigend und unzureichend erscheinen muss. Zu bedenken ist jedoch, dass es ohne die Ratingindustrie in den letzten 40 Jahren nicht möglich gewesen wäre, die Ersparnisse direkt und kostengünstig der Industrie und Wirtschaft für Investitionen zur Verfügung zu stellen, ohne den Umweg über das Bankensystem zu nehmen.

Dieser Vorgang hat durch günstigere Refinanzierung von Banken und Unternehmen enormen volkswirtschaftlichen Wert geschaffen. So gesehen hat diese Branche über Jahrzehnte einen positiven externen Effekt für die Volkswirtschaften zur Verfügung gestellt. Das sollte man im Auge behalten, bevor man das Kind mit dem Bade ausschüttet.

Überdehnt man die Haftung im Sinne eines reinen Verursacherprinzips, dann werden die Risikokosten dieser Tätigkeit eventuell zu hoch sein, um ein tragfähiges Geschäftsmodell zu entwickeln. Das wäre gesamtwirtschaftlich im höchsten Maße schädlich, zumal die Banken schon jetzt nicht mehr in der Lage sind, den Kreditbedarf der bisher nicht über den Kapitalmarkt laufenden Segmente zu befriedigen. Noch viel weniger könnten sie eine so entstehende Lücke stopfen.

PS: Es ist ein Irrtum der Politik, wenn sie glaubt, dass durch die gesetzliche Definition der Ratings als Dienstleistungen oder Produkte bereits eine Haftung für Schäden, die durch Investoren erlitten werden, erreicht werden könnte. Solange die Emittenten die zahlenden Kunden der Agenturen sind, sind Investoren nur unbeteiligte Dritte mit der rechtlichen Qualität von Zuschauern. Produkthaftung gilt gegenüber den Kunden einer Dienstleistung. Dort entsteht aber gar kein Schaden, wenn ein Wertpapier zu gut bewertet und das Kreditrisiko unterschätzt wird.

Deshalb ist die Frage eines zielführenden Haftungsregimes untrennbar mit der Frage des Bezahlsystems verbunden. Nur wenn die Investoren bereit sind, für das Rating zu bezahlen, können sie rechtlich auch Ansprüche geltend machen, die über eine deliktische Haftung, deren Hürden sehr hoch sind, hinausgehen. Delikt heißt immerhin, dass die Agentur bzw. ihre Mitarbeiter gegen das Strafrecht verstoßen haben müssen. Dafür gelten noch höhere Beweishürden, als dies im Zivilrecht der Fall ist.

Es lohnt an dieser Stelle ein kleiner Exkurs zur Strafexpedition des US-Justizministeriums gegen Standard & Poors. Dort hat man nämlich geglaubt, beweisen zu können, dass die Agentur ihre Ratings zu

Verbriefungen in betrügerischer Absicht zu gut hat ausfallen lassen, um an der weiter wachsenden Pipeline dieses Geschäfts zu verdienen. In der Tat hat man da ein paar interne E-Mails von Mitarbeitern der Agentur ausgegraben, die nicht witzig sind. Ich muss mich korrigieren, eigentlich sind sie schon witzig, sie wären es wenigstens, wenn die Sache nicht so ernst wäre.

Die beiden schönsten Zitate aus diesen firmeninternen Mails von Mitarbeitern der Ratingagentur, die ich dazu in der Presse finden konnte, waren:

»Die Ratingagenturen machen damit weiter, ein noch größeres Monster zu schaffen. Lasst uns hoffen, dass wir alle reich und in Rente sind, wenn dieses Kartenhaus zusammenbricht.«

»Wir raten jeden Deal. Der könnte von Rindviechern strukturiert worden sein, wir raten ihn.«

Nicht schmeichelhaft, in der Tat.

Von solchen E-Mails hat man freilich auch schon bei anderen Agenturen und Institutionen gehört – es scheint bei einer großen Organisation nicht möglich zu sein, Derartiges zu verhindern –, und daher stellen sich schelmisch veranlagte Menschen die Frage, warum ausgerechnet S&P gerade jetzt vor die Flinte der amerikanischen Bundesbehörden gekommen ist. Dazu kursieren zwei Theorien: Die eine besagt ganz einfach, dass die Beweislage in diesem Fall in Summe einfach besser gewesen sei für eine Anklage, und die andere besagt, dass S&P mit der Herabstufung der USA von AAA auf AA+ gegen die Haus-, Hack- oder sonst eine Ordnung aus dem Hühnerstall verstoßen hat.

Ich möchte es dem Urteil des Lesers überlassen, ob eine davon oder eine Mischung aus beiden oder etwas ganz anderes zutrifft.

Vielleicht ist es auch einfach nur eine Frage der Reihenfolge.

Nun, die Staatsanwälte möchten S&P zu einer Strafe von 5 Milliarden US-Dollar verdonnern. Man kann sich leicht ausrechnen, was passieren würde, würden sie damit Erfolg haben. Es gäbe wahrscheinlich zivile Folgeklagen, die S&P existenziell bedrohen würden. Kein Wunder also, dass die Aktie von McGraw Hill, der Muttergesellschaft von S&P, in der Woche der Veröffentlichung durch das DoJ um über 20 Prozent einbrach. Das ist wohl die Größenordnung der Wahrscheinlichkeit, die die Marktteilnehmer an den möglicherweise für S&P ruinösen Erfolg dieser Aktion kleben.

Es ist schon klar, dass man einem Staatsanwalt, der auf der Jagd nach einem Skalp ist, nicht mit wettbewerbspolitischen Bedenken kommen darf. Versuchen wir es trotzdem. Es ist offensichtlich, dass ein möglicher Erfolg dieser Klage mit hoher Wahrscheinlichkeit zu einem »Anderson-Moment« in der Ratingindustrie führen würde, nämlich zum Ausscheiden des größten Anbieters. Dann reduziert sich die Anbieterzahl von 3 auf 2, und das in einem Markt, der sich schon jetzt nicht gerade durch Konkurrenz und funktionierenden Wettbewerb auszeichnet. Kann das angesichts der Bedeutung von Ratings für die Kreditkapitalmärkte sinnvoll sein? Da hat man doch seine begründeten Zweifel.

Dazu kommt, dass die Emittenten vor einem gewaltigen Problem stehen: Allein die Möglichkeit dieses Ereignisses zwingt sie, sich auf den Fall vorzubereiten, dass S&P ihnen für ihr Rating und ihre Emissionen keine Ratingkontinuität mehr garantierten kann. Wie soll das gehen bei einer so geringen Zahl von Agenturen?

Die Rolle der Investmentbanken

Was wäre die Finanzwirtschaft ohne die »Verrichter von Gottes Werk«? (Beschreibung der Tätigkeit der größten und einflussreichsten Investmentbank durch deren CEO.) Sehen Sie, das ist der Unterschied im Selbstbewusstsein zwischen einem Investmentbanker und dem Papst. Der Pontifex Maximus bezeichnet sich am Tag seiner Wahl bescheiden und demütig als »einfacher Arbeiter im Weingarten des Herrn«. Der Investmentbanker verrichtet die Arbeit, die seiner Meinung nach eigentlich Gott tun müsste.

Habe ich nicht mal irgendwo gelesen »Ihr könnt nicht beiden dienen, Gott und dem Mammon«? Jetzt endlich wurden wir über die wahre Tragweite dieses Satzes aus »berufenem« Munde aufgeklärt.

Im Kreditkapitalmarkt sind es die »Bulge Bracket«-Investmentbanken, die Größten der Großen, die mit ihren Fixed-Income-Abteilungen sagen, wo es langgeht. Ihr Verhältnis zu den Ratingagenturen ist, wenn man so will, im positiven wie im negativen Sinne symbiotisch.

Ratingagenturen können von den Erträgen, den Boni und dem Einfluss ihrer großen Brüder in den Investmentbanken nur träumen. Die Investmentbanken haben einen weit lukrativeren Teil der Wertschöpfungskette des Fixed-Income-Marktes im Besitz. Sie erbringen im Geschäft mit Anleihen und Verbriefungen zwei absolut unverzichtbare Dienstleistungen. Sie nehmen den Emittenten en bloc ihre Papiere ab und parken sie auf der eigenen Bilanz zwischen, und sie haben das Netzwerk, um diese Papiere dann anschließend auch bei Investoren zu verkaufen. Beides zusammen nennt man Platzierungskraft.

Investmentbanken sind also gewissermaßen die physische Pipeline zwischen den Emittenten, in unserem Fall der Hypothekenbanken, und dem Markt im Sinne der Endinvestoren.

Damit diese Dienstleistung profitabel funktionieren kann, bedarf es gewisser Erfolgsfaktoren, die zum Teil von den Fähigkeiten der Investmentbanken und zum Teil von den Rahmenbedingungen des Marktes abhängen.

Da ist zum einen die Kapazität zur Risikonahme. Die Bank braucht Eigenkapital dafür, und das nicht zu knapp. Es ist natürlich das Ziel, die hereingenommenen Kreditpapiere möglichst schnell bei den Endkunden unterzubringen. Was dabei auf den Büchern liegt, ist abhängig vom Gesamtvolumen, das man platziert, und der Umschlagsgeschwindigkeit, die wiederum teilweise auch von äußeren Faktoren wie dem Risikoappetit des Marktes etc. beeinflusst wird.

Der zweite Erfolgsfaktor ist das Netzwerk der Broker, also ihre Fähigkeit, Investoren anzurufen und ihnen das Papier erfolgreich anzudienen.

Der dritte Faktor ist mit dem zweiten eng verknüpft: Es ist das Niveau der Risikotransparenz, das die platzierten Papiere aus den öffentlich verfügbaren Daten und dem Rating haben. Paradoxerweise ist es dabei nicht optimal, wenn die Transparenz maximiert wird. Denn eine maximale Transparenz im Rahmen standardisierter und für jedermann leicht nachrechenbarer Verfahren würde die Wertschöpfung der Platzierung mindern. Investoren kaufen häufig ein Papier, obwohl sie das Rating nicht nachvollziehen können, wenn es ihnen von einer Investmentbank ihres Vertrauens angeboten wird.

Dieser Umstand macht deutlich, warum die Zusammenarbeit von Investmentbanken und Ratingagenturen bestimmten Regeln folgt und welche das sind. Transparenz, ja bitte, aber nicht zu viel, denn das entwertet einen wichtigen Teil der Wertschöpfungskette, nämlich die Platzierungskraft.

Unschön ist es, wenn die Pipelinefunktion, die die Investmentbank durch das Zwischenparken der Papiere auf ihrem Buch ausführt, außer Kontrolle gerät. In einem Markt, dessen Nachfrage nach diesen Papieren kollabiert, so wie das 2008 passiert ist, erstickt eine solche Bank unter Umständen daran, dass sie »den Hals zu voll hat«. Die Papiere sind auf der Bilanz, finden keinen Käufer, ein kollabierender Markt erzwingt eine Abschreibung auf die Papiere, welche die Solvenz des Instituts in Frage stellt.

Die anderen Marktteilnehmer verlieren das Vertrauen und schneiden das Institut von der Liquiditätsversorgung des Interbankenmarktes ab. Wenn dann gleichzeitig andere Risikoaktiva unter Druck kommen, hat man die Situation, vor der Lehman Brothers 2008 plötzlich stand. Die Bank ging nicht unter, weil sie nicht genug bilanzielles Eigenkapital ausgewiesen hätte, sondern weil der Markt ihr keine Liquidität mehr zur Verfügung stellte und der Staat nicht einsprang.

Ähnlich erging es Northern Rock. Nur dass die Pipeline hier keine Durchleitung war, sondern sich der Bestand aus selbst getätigten Krediten ergab, die dann aufgrund des zusammenbrechenden Appetits des Marktes für die Aufnahme solcher Papiere nicht refinanziert werden konnten. Northern Rock hatte zuletzt 16 Prozent Eigenkapital, aber keine Liquidität. Lehman übrigens auch.

Die Investoren

Im Unterschied zu Kreditkunden, Hypothekenbanken und Ratingagenturen sind die Investoren eine höchst heterogene Gruppe, und von einigen Ausnahmen abgesehen ist es daher sinnvoll, nur die Gemeinsamkeiten dieser Marktteilnehmer im Hinblick auf ihren Anteil bei der Entstehung der Blase von Hypothekenkreditverbriefungen darzustellen.

Das wirklich Interessante am Verhalten der Investoren war ihre fehlende Bereitschaft, eine sehr einfache Frage zu stellen: Warum bekomme ich für eine AAA-Verbriefung amerikanischer Hypothekenkredite eine deutlich bessere Verzinsung als für eine AAA-bewertete Staatsanleihe eines OECD Landes? Wenn das Rating ein einheitlicher Maßstab der Risikobewertung war, dann hätte es eine solche Differenz allenfalls kurzzeitig und in Einzelfällen geben dürfen. Sie betraf aber das ganze Segment über Jahre.

Heinz Erhard, der berühmte Komiker der 1950er-Jahre (nicht zu verwechseln mit Ludwig Erhard, dem großen Vertreter der Idee der freien und sozialen Marktwirtschaft der gleichen Epoche) hätte wahrscheinlich gesagt: »Ich stutzte drei Mal.« Haben viele Investoren aber nicht. Nicht mal einmal.

Es konnte eigentlich nur zwei Erklärungen geben: Entweder waren die Ratings systematisch falsch und zu optimistisch oder die Marktteilnehmer lagen dauerhaft falsch und versahen diese Papiere mit einer Risikoprämie, die zu hoch war. Welche dieser beiden Varianten traf zu? Sie erraten es.

Die regulatorischen Rahmenbedingungen zwangen die Investoren dazu, bevorzugt in solche Anleihen zu gehen, die wenigstens »Investment Grade« waren, also BBB oder besser, am besten aber AA und AAA. Diese Nachfrage nach AAA wurde befriedigt, und das zu Renditen, die man sonst nur mit BB und B+, also unter Inkaufnahme substanzieller Risiken erwirtschaften konnte. Um das zu tun, muss wenigstens eine von vier Bedingungen im Kopf der Investoren erfüllt sein:

> *Variante 1* – Wir vertrauen dem Markt nicht, und dass er effizient sein soll, glauben wir schon gar nicht. Und wir sind so smart, dass wir ihn austricksen können. Das ist so eine Art »Ich-bin-schlau-

er-als-du-obwohl-es-jeder-nachlesen-kann-dass-ich-keinen-Infor-mationsvorsprung-habe«-Argument. Viel Glück!

Von einem Vertreter dieser Kategorie in Gestalt des Vorstands-vorsitzenden einer sehr großen Bank durfte man sich im Jahre 2002 erklären lassen, warum seine Bank, die zu dem Zeitpunkt plante, einen mittleren zweistelligen Milliardenbetrag in die hier besprochenen Papiere zu investieren, keine Notwendigkeit dafür sah, im Rahmen ihres Basel-II-Programms ein eigenes Analyse-, Bewertungs- und Ratingsystem dafür einzurichten. Zitat: »Darü-ber wissen wir alles schon ganz genau. Und außerdem haben wir dafür die Ratingagenturen.« Zitatende.

Der Satz kostete die Bank etliche Milliarden Euro. Nun ja, es war eine Bank im Staatseigentum. Da kann man sich natürlich si-cher zurücklehnen, denn man hat ja den ultimativen Risikopuf-fer, nämlich den Steuerzahler, der auch in diesem Fall geduldig einsprang.

Überhaupt war es interessant zu sehen, warum ausgerechnet Banken (vor allem solche mit Staatsbeteiligung) zu den eifrigsten Investoren in diese Papiere gehörten, obwohl doch andere Ban-ken zur gleichen Zeit ebenso eifrig bemüht waren, das Zeug aus ihren Portfolien herauszuschaufeln. Angeblich »suchte« sich je-des Risiko in diesem Markt seine »optimale Allokation«. Ein Auk-tionator würde wahrscheinlich sagen, »eine Sache ist so viel wert, wie der Dümmste bereit ist, dafür zu bezahlen«. Man nannte das »Kreditersatzgeschäft«.

Das Problem dieser Bank war, dass sie sich mit billiger Liquidität vollgepumpt hatte wie ein Junkie mit billigem Stoff (Sie möchten gar nicht wissen, welche weitsichtige Staatsintervention im Wech-selspiel zwischen Brüssel und Berlin das ermöglicht und dafür Anreize geschaffen hat. Wenn Sie es doch wissen möchten, mailen Sie den Verlag an, dann bauen wir das in die 2. Auflage ein) und dieses Geld mangels Kundengeschäft irgendwo parken musste. Dem sprachlich sensiblen Risk-Manager wäre natürlich schon beim Wort »Ersatz-« aufgefallen, dass es selten Worte gibt, die sozusagen positiv mit diesem Beiwort aufgeladen sind. Dumm nur, dass der Chief Risk Officer dieser Bank solche Sensibilität nicht aufbringen wollte, das lag vielleicht an seiner Vorliebe, sein Büro mit der mondänen Welt der Formel 1 zu vertauschen, das Boxenluder.

➤ *Variante 2* – Wir vertrauen dem Urteil der Ratingagentur uneingeschränkt, denn dort sitzen als Analysten die intelligentesten Menschen, die es je in eine mittelmäßig bezahlte Position verschlagen hat (jedenfalls im Vergleich zu den Investmentbanken). Hm, ich weiß nicht. Immerhin besser als Variante 1.

➤ *Variante 3* – Ich stelle mir die Frage gar nicht, sondern benutze die Ratingagentur einfach als CMA, wenn etwas schiefgeht. Sollen sich doch die anderen über derartige philosophische Fragen Gedanken machen. Ich bin schließlich Fondsmanager und kein Professor. Schon klar, man wird ja auch nicht fürs Denken bezahlt, sondern für die Performance.

➤ *Variante 4* – Schlichte Gier, die blenden wir hier mal aus. Oder haben sie schon mal einen Asset Manager gesehen, der sich davon hat leiten lassen?

Hier können wir das Spannungsfeld beobachten, das von der Freiheit erzeugt wird: Freiheit braucht Aufklärung. Aufklärung als Befreiung aus der selbst verschuldeten Unmündigkeit (Kant) braucht die Bereitschaft, einfache Fragen nicht mit Floskeln zu beantworten, sondern mit dem Durchdringen der – ökonomischen – Realität. Das ist Freiheit in Verantwortung. Sonst fällt sie einem auf die Füße.

Wie der ehemalige Chief Risk Officer und Vorstand einer anderen Bank, diesmal aus dem privaten Sektor, es so treffend formulierte: »Wir haben uns um die Fichte führen lassen. Aber es gehören ja immer zwei dazu, wenn einer den anderen um die Fichte führt.«

Ja, dem kann man nur wenig hinzufügen.

KAPITEL 2

DIE KRISE DER BANKEN ODER SIC TRANSIT GLORIA MUNDI

»Ich glaube, dass Banken für unsere Freiheit eine größere Gefahr darstellen als eine stehende Armee.«
Thomas Jefferson

Es gibt einen schönen neuen Begriff aus dem die Finanzwirtschaft immer noch dominierenden englischen Sprachraum, und der lautet: »too big to fail«. Nicht zu verwechseln mit »too fat to fly«.

Was steckt dahinter? Der Begriff wurzelt in der Idee, dass Banken, insbesondere große Banken, eine zu große gesamtwirtschaftliche Bedeutung haben, um sie diesem ultimativen marktwirtschaftlichen Test, der schumpeterschen kreativen Zerstörung, vulgo dem Untergang, der Pleite, dem Bankrott aussetzen zu dürfen. Dabei wird über zwei Schienen argumentiert.

Da ist zum einen der Zahlungsverkehr. Der Zusammenbruch einer Bank führt zu einem Stillstand des Zahlungsverkehrs, und die Politik sieht es als ihre unbedingte und heiligste Aufgabe an, diese Art der finanziellen Kernschmelze zu verhindern. Angeblich tun sich sonst die Tore der Hölle auf.

Mir hat noch keiner erklären können, wie die europäischen Finanzminister angesichts dieses von ihnen selbst in anderem Zusammenhang an die Wand gemalten Schreckensgemäldes der Kampfklasse Hieronymus Bosch sich dazu versteigen konnten, genau das zu tun:

Nämlich als sie im März 2013 quasi per Dekret ihrer als Büttel ver-
hafteten Filiale der EZB auftrugen, auf einer kleinen Mittelmeerin-
sel den Zahlungsverkehr eines ganzen Landes stillzulegen, damit die
Menschen ihre Ersparnisse nicht vor ihrer Begehrlichkeit in Sicherheit bringen konnten.

Tolle Sache, dass Inseln für diese Art von Laborversuchen besonders
geeignet sind. Die lassen sich besser isolieren.

Wir schweifen ab, aber Sie werden gespürt haben, dass ich das Kapitel, in dem wir zu diesem Thema im Detail kommen, kaum erwarten kann. Fairerweise muss man sagen, dass es prima facie eine gute Idee ist, den Zahlungsverkehr in einer Volkswirtschaft reibungslos
zu gestalten und das auch zu sichern.

Der zweite Aspekt ist der Dominoeffekt, auch bekannt als »systemisches Risiko«. Banken haben extrem große Bilanzen. Über 90 Prozent dieser Bilanzen bestehen aus geliehenem Geld. Geht eine Bank
bankrott (ein schöner Begriff aus dem italienischen »banca rotta", er
bedeutet »zerbrochene Bank«), so ist dieses Geld erst einmal perdu,
jedenfalls so lange, bis ein Insolvenzverwalter im Wege quotaler Zu-
teilung nach Deckung der Verluste und Abwicklungskosten es wenigstens in Teilen an die Gläubiger zurückzahlt.

Das kann dauern. Es besteht dann die Gefahr, dass durch die Kre-
ditverknüpfung mit anderen Banken und Unternehmen auch diese
in den Abgrund der Zahlungsunfähigkeit gezogen werden, und das
kann wiederum ebenfalls weitere Marktteilnehmer ihre Existenz kosten. Eine so ausgelöste Kettenreaktion kann in eine Depression und
Finanzkrise noch epochaleren Ausmaßes münden als die, die wir gerade erlebt haben.

So weit, so gut.

Das Misstrauen wächst

Als sich nun die Krise um die hypothekenbesicherten Verbriefungen Ende 2007 und Anfang 2008 global entfaltete, waren es zunächst die Banken untereinander, die flugs einander das Vertrauen entzogen. Einige waren dabei im Vorteil, denn sie wussten besser als andere, welcher Wettbewerber oder Kollege den Giftschrank im Keller voll hatte mit solchen Papieren, die eingängig in der Presse, aber auch im Finanzjargon »Toxic Waste« getauft worden waren. Ein Schelm, wer denkt, dass dieser Informationsvorsprung daraus resultierte, dass es dieselben Banken waren, die den besonders betroffenen anderen Häusern vorher genau diesen Junk verkauft hatten und daher wussten, in welcher Bilanz das Zeug gerade endgelagert wurde.

Am Anfang waren es eher kleine und mittelgroße Banken, die von der Woge erfasst wurden. Die Namen vorher der Öffentlichkeit fast unbekannter Institute schafften es so erstmals in die abendlichen Hauptnachrichten. Sachsen-LB, IKB, Northern Rock und dann der deutsche »Fiskalklopper« Hypo Real Estate, HRE.

Befeuert wurde das Misstrauen der Banken untereinander durch die späte, dafür aber umso konsequentere Reaktion der Ratingagenturen auf den Kollaps des Verbriefungsmarktes. Die Ratingagenturen hatten 2008 damit begonnen, ihre gelinde gesagt optimistischen Bewertungen von Hypothekenverbriefungen noch einmal zu überdenken.

Dazu muss man wissen, dass es sich dabei buchstäblich um Tausende von Ratings für einzelne Papiere handelte. So hatte zum Beispiel Moody's laut den Statistiken der ESMA im Jahr 2012 über 84 000 Ratings für strukturierte Finanzierungen im Bestand. Diese wurden nun im Wholesale-Verfahren durch die Mühle neu kalibrierter Portfoliomodelle geschleust und erneut bewertet. Beinahe täglich gab es Listen mit Hunderten von Ratings, die »vor dem Hintergrund neuer

Informationen über den Risikogehalt der Papiere« herabgestuft worden waren.

Neu waren freilich weniger die Informationen über die Papiere als vielmehr die Annahmen der Bewertungsmodelle.

Nun war den Ratingagenturen natürlich klar, dass die Banken, die sie ebenfalls geratet hatten, enorme Positionen mit Papieren in ihren Bilanzen stehen hatten, deren Risikogehalt gerade wesentlich höher eingeschätzt worden war als ursprünglich mal gedacht. Das hatte für die Banken drei unangenehme Folgen: Die erste bestand in der Neubewertung des Portfolios, insbesondere der erwarteten Verluste aus den Papieren und den daraus abzuleitenden Wertberichtigungen. Diese Abschreibungen fraßen sich wie Säure in die Eigenkapitaldecke der Institute.

Wachsender Kapitalbedarf

Das zweite Problem war, dass die nun mit einem höheren Risiko bewerteten Papiere auch mehr Kapital zu ihrer Deckung brauchten. Vielleicht nicht nach Basel I, aber sicher nach Basel II, und noch viel sicherer nach den Formeln für das sogenannte ökonomische Kapital, mit dem die Modelle der Agenturen gespeist wurden.

So tat sich eine Schere auf aus einerseits schnell abschmelzendem Eigenkapital und andererseits deutlich höherem Bedarf danach. Damit kam das dritte Problem als Folge der ersten beiden: Die Banken wurden reihenweise beim Rating heruntergestuft.

Das ökonomische Kapital ist übrigens ein interessantes Konzept. Seine Grundannahme, oder gewissermaßen die Rechtfertigung seiner Existenz, beruhte darauf, dass man der Auffassung war, dass weder

Basel I noch Basel II mit Kapitalzahlen als Ergebnis arbeiteten, welche die tatsächliche Risikolage in den Bankbilanzen korrekt wiedergaben. Vielmehr ging man dabei davon aus, dass die Zahlenwerke auch aus Basel II nur grobe Annäherungen an die Realität sind.

Basis für die Berechnung des zur Risikodeckung benötigten ökonomischen Kapitals ist die Verwendung eines sogenannten Portfoliomodells unter Berücksichtigung umfassender Wechselwirkungen zwischen den Krediten des Kreditportfolios einerseits, aber auch zwischen dem Kreditportfolio und dem Portfolio anderer Risiken, die beim Handel mit Zinsen, Währungen etc. entstehen, andererseits.

Im Prinzip ist das auch alles richtig, wenn man in der Lage ist, so ein Modell mit den richtigen empirischen Zahlen und korrekten wirtschaftlichen Annahmen zu füllen. Dass gelingt aber leider nur sehr wenigen Banken, wenn überhaupt.

Entscheidend ist, dass die Agenturen dafür ihre eigenen Modelle haben, egal was die Bank intern für ihre Kalkulationen einsetzt. Diese Modelle zeigten einen erheblich gesteigerten Bedarf an Eigenkapital für die meisten Banken an, wenn die Agenturen weiterhin unterstellen sollten, dass ihre Risiken (Kredite etc.) und ihre Risikotragfähigkeit (Kapital) im Gleichgewicht sind.

Nur eine in diesem Sinne im Gleichgewicht befindliche und damit sichere Bank bekommt ein gutes Rating.

Zurück zum Problem des wachsenden Kapitalbedarfs. Dieser hatte zwei Ursachen: Die eine war die oben beschriebene Verschlechterung des Portfolios bei gleichzeitigen Verlusten durch Abschreibungen. Die andere war der Zusammenbruch aller Annahmen zur Diversifikation. Diese beruht nämlich darauf, dass die einzelnen Kredite hinsichtlich ihrer Ausfallereignisse nichts miteinander zu tun haben und dass dies auch für die verschiedenen voneinander abgegrenzten Geschäftssegmente gilt. Also wenn die Ausfälle im deutschen Mittelstand ansteigen, soll das nicht die Ausfälle von Kreditkarten in Kalifornien berühren oder so ähnlich.

Man nennt diese kleine, unauffällige, aber entscheidende Annahme »stochastische Unabhängigkeit«. Sie ist die Voraussetzung dafür, dass Diversifikation funktioniert. Das Prinzip der stochastischen Unabhängigkeit verstehen Sie am besten am Beispiel eines Atomkraftwerks.

Nehmen wir den Fall eines japanischen Atomkraftwerks, das sich an der Küste befindet. Als fähige Ingenieure wissen wir, dass der Reaktorkern, in dem sich die Kettenreaktion vollzieht, auch nach Abschaltung derselben durch den radioaktiven Zerfall noch ordentlich Wärme produziert. Wie viel das genau ist, können wir anhand der Laufzeit der Brennstäbe und der damit in ihnen enthaltenen Spaltprodukte ausrechnen. Das erfordert eine unter allen Umständen ständig funktionierende Kühlung, wenn der Kern nicht schmelzen und auf diese Weise den kleinen atomaren Geist aus der Flasche entlassen soll.

Damit man das tun kann, braucht man Strom, und weil Strom ausfallen kann, baut man mehrere Stromversorgungssysteme auf. Ein besonders wichtiger Teil dieses Versorgungssystems ist der Stromgenerator, der den Strom auch im Notfall erzeugen kann. Unsere schlauen Ingenieure wussten, dass die getrennten Stromversorgungseinheiten sich möglichst nicht gegenseitig beeinflussen sollten, damit der Ausfall des einen nicht den Ausfall des anderen nach sich zieht. Mit anderen Worten: Sie sollten stochastisch unabhängig sein.

Da fragt man sich doch, warum um alles in der Welt stellt man die Dinger alle nebeneinander an den Strand, damit sie von einem

Tsunami auch ja alle gleichzeitig plattgemacht werden können, wenn
es wenige Hundert Meter entfernt einen Hügel gab? Ich glaube, diese
Ingenieure hätte man besser auch zum Shopping auf die Edelmeile
geschickt: Da hätten sie nämlich ihre beiden Töchter beim Einkaufen
beobachten können und festgestellt, dass gleiche Standorte manchmal ähnliches Verhalten auslösen.

Interbankenmarkt auf null

So ähnlich ist das mit den Bankbilanzen auch gewesen. Es gab einen
Mechanismus, der die in normalen Zeiten üblichen gegenläufigen
und sich – eben im Sinne der Streuung – teilweise aufhebenden Preisbewegungen plötzlich alle gleichrichtete. Alle Preise kannten plötzlich
nur noch eine Richtung, und zwar nach unten. Der Kopplungsme-
chanismus bestand aus der in den Märkten kollabierenden Liquidität in Kombination mit Panik. Sie sehen, die Diversifikation reduziert
das Risiko zuverlässig nur in »normalen Zeiten«. Wenn es darauf an-
kommt und der Bankvorstand mit schweißnassem Hemd herumläuft,
können sie sich darauf verlassen, dass die Wirkung der Diversifikation
das Portfolio verlässt wie eine Ratte das sinkende Schiff.

Das Erste, was passierte, war ein schnelles und weitgehendes Ein-
frieren des Interbankenmarktes. Der Interbankenmarkt, der 2012 mit
dem LIBOR-Skandal (Abkürzung für **L**ondon **I**nter**b**ank **O**ffered **R**a-
te, ein Referenzzinssatz, zu dem international agierende Banken in
London Geldmarktgeschäfte tätigen) ein weiteres Mal traurige Be-
rühmtheit erlangen sollte, dient dazu, zwischen den Banken kurzfristige Liquiditätsüberschüsse und -defizite auszugleichen. Diese
Kredite sind in aller Regel nicht besichert und ihre Risikobewertung
beruht insofern allein und ausschließlich auf der Bonität der Bank,
gemessen in ihrem eigenen Rating und der damit verknüpften Ausfallwahrscheinlichkeit.

»Unbesichert« und »Rating« sind die Stichworte, auf die es hier an-
kommt. Damit Sie als Bank den Mut haben, einer anderen Bank
kurzfristig auf diesem Wege Geld zu leihen, müssen Sie Vertrau-
en in die Kreditwürdigkeit dieser anderen Bank haben. Die an diesem System teilnehmenden Banken hatten praktisch alle gute bis
sehr gute Ratings. Das war aber Anfang 2008 völlig egal, denn die
Banken selbst vertrauten diesen Ratings plötzlich nicht mehr. Jeder
vermutete in den Büchern des anderen toxische Wertpapiere, von
denen der Markt, die Ratingagentur oder man selbst einfach noch
nichts mitbekommen hatte, und so fror der Interbankenmarkt und
damit die Liquiditätsversorgung der Kreditwirtschaft über Nacht
ein.

Bereits in der ersten Phase, bevor Lehman Brothers die größte Bank-
pleite der Geschichte hinlegte, waren starke Gerüchte im Umlauf,
die darauf hindeuteten, dass es in Kürze »ein Großinstitut, einen
richtigen Klopper«, wie es die Presse formulierte, erwischen würde. Da gingen die Banker lieber in die selbst gewählte Isolationshaft,
als sich durch Kreditpromiskuität einer Ansteckungsgefahr auszusetzen.

Der frühere Chief Risk Officer einer der größten europäischen Banken und Kenner dieser Materie drückte es gegenüber der Presse sinngemäß einmal so aus: »Wenn Banken sich gegenseitig nicht mehr
vertrauen und auch dem Rating der Agenturen nicht, dann ist das ein
Armutszeugnis für die Transparenz der Risiken in diesen Banken.«

Stimmt. Deswegen gab es nur Gerüchte, keine Fakten.

Das ist auch der Grund, warum die Banken nicht aus ihrer Krise
kommen und die EZB als einzige Institution bis heute gezwungen
ist, ihre Geldversorgung sicherzustellen: Banken sind immer noch
nicht transparent. Nicht nach innen und nicht nach außen. Die EZB

kann sich dieses Risiko leisten, weil sie im Zweifelsfall in der Lage ist, »Geld zu drucken«, wie man so schön sagt. Die Märkte vertrauen den Banken nach wie vor nicht. Zu Recht.

Dieser Liquiditätsengpass wurde dann zunächst dadurch behoben, dass einerseits Banken größere Barmittel bei der Zentralbank parkten, um selbst Puffer zu haben, und andererseits die Zentralbanken als »lender of last resort« auftraten, um die Geldversorgung sicherzustellen. Dazu muss man wissen, dass eine Zentralbank zwar ihre Eigenschaft als »lender of last resort« als Kernaufgabe betrachtet, aber sie nur ausgesprochen ungern wahrnimmt. Da muss schon wirklich Feuer unterm Dach sein, bevor sie das tut, weil es ihre Möglichkeiten beschneidet, alle geldpolitischen Maßnahmen allein am Ziel der Geldwertstabilität auszurichten. Sie muss plötzlich Gedanken darauf verschwenden, wie sie die Maßnahmen zur Stabilisierung des Bankensystems geldpolitisch neutralisiert.

Kraftakt Bankenrettung

Anschließend kam es dann zur größten Rettungsaktion für Banken in der Geschichte. Praktisch jedes Land musste für diesen Kraftakt riesige Sonderhaushalte von Hunderten von Milliarden Euro auflegen, und nicht zu Unrecht wurde die Frage gestellt, wie es sein konnte, dass die mit den Risiken erzielten Gewinne privatisiert, aber die Verluste sozialisiert wurden.

Diese Frage war nur fast richtig, denn wenn man genauer hinsieht, stellt man fest, dass die Gewinne zwar privatisiert wurden, aber nicht bei den Aktionären der Banken. Die waren in den Jahren vorher eher mager abgespeist worden. Es waren die Boni angestellter Händler und Manager, die die Gewinne absorbierten. Die Aktionäre hatten erstaunlich wenig davon, und als es bergab ging, waren sie es auch noch, die durch die schrumpfende Marktkapitalisierung der Banken enorme Verluste erlitten.

Technisch wurde die Rettung nach dem immer gleichen Muster abgewickelt. Schlechte Portfolien wurden abgetrennt und in eine »Bad Bank« gesteckt, die Restbank wurde dann mit Kapitalinfusionen und stillen Einlagen aufgepäppelt, damit sie wieder risikotragfähig war und ein halbwegs vernünftiges Rating bekam.

So eine Bad Bank zulasten des Steuerzahlers ist übrigens eine interessante Sache. Rein technisch gesehen ist sie eine Art Verbriefung, also die gleiche Art von Transaktion, mit der alles so schön angefangen hat. Man packt Kredite in ein »Special Purpose Vehicle« und verkauft sie dann. Der Unterschied war nur, dass man dieses Mal nicht vorgeben musste, dass das Kreditportfolio aus Papieren guter Qualität besteht.

Das ist eben der Unterschied zwischen einem Investor und einem Steuerzahler. Den Investor muss man um die Fichte führen, dem Steuerzahler muss man nur drohen, dass ihm die Fichte auf den Kopf fällt, wenn er nicht freiwillig und sehenden Auges drum herum läuft.

Auffällig ist übrigens, wie unterschiedlich erfolgreich die Sanierung der dem Steuerzahler aufgebürdeten Bad Banks seitdem verläuft: Während in der Schweiz und den USA die Abwicklung so erfolgreich gesteuert wurde, dass der Staat bei vielen Bad Banks sogar Gewinne macht (nur fair, der Steuerzahler hatte ja auch das Risiko), sieht das in Deutschland ganz und gar anders aus. Das kann zwei unterschiedliche Ursachen haben: Entweder waren die schlechten Portfolien hier noch größer und gruseliger als irgendwo sonst, oder die Bad Banks werden einfach schlechter gemanagt. Vielleicht auch eine Kombination aus beidem.

Das eigentlich Bemerkenswerte an der Bankenrettung war wahrscheinlich nicht mal, dass und wie man diese Rettung im Einzelfall durchgeführt hat. Auch wenn bereits der erste Fall, die IKB in Deutschland, den damaligen Finanzminister zu dem Satz veranlasste, man »habe in den Abgrund geblickt«. Das war wohl eher Teil des Strickens an der eigenen Heldenlegende (wir haben die Welt gerettet, schon vergessen?).

Übrigens: Wenn Sie mal in die Politik gehen und so eine Heldenmeldung der Sorte »Ich, der Drachentöter« an das ehrfürchtige Wahlvolk durchkabeln möchten, dann ist es aus Sicht Ihrer Kommunikationsberater extrem wichtig, dass Sie dabei Ringe unter den Augen haben. Wenn Sie das nach einer schlaflosen Nacht im Berlaymont, im Lipsius-Gebäude oder im Kanzleramt nicht hinbekommen, dann greifen Sie gefälligst in den Schminktopf!

Das Bemerkenswerte waren vielmehr die wirtschaftspolitischen und hier insbesondere die aufsichtsrechtlichen Lehren, die man aus dieser Katastrophe zog. Weiter oben war es ja schon deutlich geworden, dass es der Politik gelungen war, das eigene Versagen als Einzige unter den Beteiligten in der öffentlichen Wahrnehmung komplett vergessen zu machen. Dieses hat sich auch nicht darauf beschränkt, dass man in den USA die Bildung der Immobilienverbriefungsblase durch die Politik nicht nur geduldet, sondern gefördert und eigentlich gefordert hatte; nein, es gab auch ein weitgehendes Versagen bei der Regulierung der Finanzindustrie. Damit ist nicht gemeint, dass man alles und jedes hätte vorschreiben sollen oder können, die Rede ist von intelligenter Regulierung, nicht von mehr.

Die Reform der Bankenregulierung

Es fehlte zum Beispiel im Zuge der Diskussion um Basel II nicht an warnenden Stimmen, die in einer unzureichenden Risikotransparenz der Banken ein systemisches Risiko erkannten.

In den offiziellen Papieren der Bank für internationalen Zahlungsausgleich BIS in Basel gab es viele gute Hinweise, wie das zu ändern sei. Die BIS, die aufgrund ihres Standorts Namensgeberin der Basel-II-Reform wurde, wies immer wieder auf systemische Risiken hin, deren Ursachen man in »regulatorischer Arbitrage« erkannte.

Was um Himmels willen ist regulatorische Arbitrage?

Das ist, kurz gesagt, ein Anreiz für Banken oder andere Akteure des Kapitalmarktes, höhere Risiken einzugehen, als für die Bank gesund ist, und dies zu tun, um Anforderungen zu erfüllen, die von den Aufsichtsbehörden an die Bank gestellt werden. »Wie kann denn so was sein und wie bitte soll das funktionieren?«, höre ich Sie fragen. Das ist an einem Beispiel schnell erklärt.

Stellen Sie sich vor, eine Bank muss für jeden Euro Kredit, den sie vergibt, eine gleichbleibende Menge an Eigenkapital vorhalten, um sich durch diesen Kapitalpuffer gegen unerwartete Verluste (siehe Kapitel 1) abzusichern. Im alten Regime, Basel I genannt, war das so, und es gab eine feste Regel, die hierfür einen Satz von 8 Prozent vorsah, also 8 Cent pro Euro. Eine Bank mit einem Eigenkapital von zum Beispiel 800 Millionen Euro kann in so einem System maximal Kredite von 10 Milliarden Euro vergeben. Dann ist ihre Kapazitätsgrenze erreicht. Dieses starre System war definiert in den Regularien von Basel I, das man in den 1980er-Jahren auf den Weg gebracht hatte.

Nun findet die Bank das schade, denn sie möchte, um ihre Aktionäre zu beglücken, ihren Gewinn maximieren und dafür so viele Kredite wie möglich vergeben, damit sie für jeden Kredit eine Zinsmarge vereinnahmen kann. Das ist verständlich und logisch. Wenn nun aber ihr absolutes Kreditvolumen auf 10 Milliarden Euro beschränkt ist, dann wird sie versuchen, die Kreditmarge pro Kredit zu maximieren. Woraus besteht die Kreditmarge, die sie am Markt erzielen kann?

Sie ist die Differenz zwischen dem Zins, den die Bank für einen Kredit gleicher Laufzeit am Kapitalmarkt bezahlt, und dem Zins, den sie von ihrem Kreditnehmer vereinnahmt. Die Komponenten der Marge sind die standardisierten Kosten des Kreditvergabe- und Kreditverwaltungsprozesses, die Risikokosten in Form des erwarteten Verlustes und die Risikokosten in Form der Kapitalkosten des unerwarteten Verlustes.

Das ist natürlich nur eine kalkulatorische Basis, und ob die Bank diese Komponenten im Wettbewerb um Kunden bekommt oder nicht, hängt von der konjunkturellen Phase des Kreditzyklus ab, in dem man sich gerade befindet. Sie können aber schon eines sehr schön an diesen Komponenten erkennen: Mehr Risiko bedeutet höherer Zins.

Will also die Bank ihre Zinsmarge im Gesamtportfolio maximieren, wird sie einen immer größeren Teil in riskantere Kredite stecken und das langweilige, sichere, aber wenig margenhaltige Brot- und Buttergeschäft abbauen. Da ihr gebundenes Eigenkapital dabei konstant bleibt, maximiert sie so ihre »Eigenkapitalrendite«. Jedenfalls so lange, wie kein größerer Unfall passiert.

Diesen unseligen Zusammenhang hatte man in dem vor allem mit Vertretern der Zentralbanken der OECD-Länder besetzten Team in Basel erkannt, und so wurde deshalb Ende der 1990er-Jahre unter dem Stichwort »Basel II« damit begonnen, an einer Reform zu arbeiten. Die Grundidee war dabei, dass künftig alle Kredite mit unterschiedlich viel Eigenkapital unterlegt werden sollten, je nachdem wie groß ihr Risiko war. Riskante Kredite mit hohem erwarteten Verlust sollten mehr Kapital binden als risikoarme oder risikofreie – oder was man halt so für risikofrei hält.

Um das technisch umzusetzen, schrieb man den Banken vor, alle ihre Kredite künftig nach transparenten, nachvollziehbaren Verfahren einem internen Rating zu unterziehen, das eine klare Aussage über die Ausfallwahrscheinlichkeit jedes einzelnen Engagements erlaubt. Eigentlich verlangte man von den Banken in diesem Zusammenhang nur, endlich das zu tun, was eine Bank, die ihr Handwerk versteht, eigentlich ohnehin tun sollte, nämlich ihr Kreditrisiko nach den bestmöglichen Methoden zu verstehen.

Dabei muss es in dieser Gruppe einen oder mehrere Teilnehmer gegeben haben, die sich mit der Ökonomie von Anreizen etwas gründlicher befasst hatten.

Halleluja!

Es gab nämlich eine regulatorische Innovation, die es in dieser Form zuvor in der Bankenaufsicht noch nicht gegeben hatte und die auf einer einfachen Einsicht basierte: Wenn du willst, dass es richtig gemacht wird, dann schaffe dafür positive Anreize. Das Ergebnis dieser Überlegung war es, den Banken eine Wahl zu lassen zwischen »Basel II light« und »Basel II the Full Monty«, und zwar unterschieden in den »Standardansatz«, den Basel II IRB (Internal Ratings Based), und den Ansatz Basel II IRB Advanced, und danach den Kapitalverbrauch zu bemessen.

Bei Ersterem durfte man sich auf externe Ratings stützen und musste im Übrigen relativ hohe Standardsätze für das Kapital akzeptieren.

Beim IRB-Ansatz hingegen bildeten eigene, selbst zu entwickelnde empirisch-statistische Ratingverfahren die Grundlage für die Risikobewertung. Maßzahl und Ergebnis dieser internen Ratings ist die Ausfallwahrscheinlichkeit. Die Größe des Verlustes im Verzugsfall wurde weiterhin nach Benchmark-Vorgaben definiert.

Beim dritten, dem fortschrittlichsten Ansatz, durfte die Bank auf Grundlage eigener Statistiken aus der Verwertung von Sicherheiten in alten ausgefallenen Krediten diese Benchmarks mit eigenen Zahlen ersetzen.

Das Ganze war so eingestellt, dass die Bank mit jedem Schritt hin zu einem weiter ausgefeilten und fortschrittlicheren Risikomanagement (daher der Zusatz »Advanced«) Einsparungen beim zu unterlegenden Kapital erzielen konnte und so die Kapitalkosten mit steigender Risikotransparenz sinken würden.

Bei der Umsetzung gab es allerdings ein paar Probleme, die weniger etwas mit der Technik zu tun hatten als vielmehr mit den Partikularinteressen von Ländern und den in ihnen mehr oder weniger starken Lobbygruppen.

Die einen waren der Meinung, dass dieses System den Mittelstandskredit bedrohe (was völliger Unsinn war), und forderten deshalb Rabatte bei der Kapitalberechnungsformel für Kredite an kleine und mittlere Unternehmen. Die anderen sahen hier eher den Konsumentenkredit gefährdet und forderten das Gleiche für Kredite an Privatkunden. Regierungen waren der Meinung, dass Kredite an Staaten ohnehin risikolos seien und von daher auch – wie schon bisher – überhaupt keine Unterlegung mit Eigenkapital erfordern sollten (das waren Zeiten!), und einzelne Länder glaubten, ihren Banken die Kosten der dafür erforderlichen Infrastruktur nicht aufbürden zu können.

Astronomische Summen wurden genannt, und im Ergebnis gelang es vor allem den USA, zahllose Ausnahmeregelungen durchzusetzen, und mit Ausnahme weniger großer international tätiger Banken waren dort alle anderen von der neuen Regulierung ohnehin befreit.

An dieser Stelle lohnt sich eine Wette: Die USA werden Basel III genauso wenig umsetzen wie Basel II, obwohl sie sich vertraglich dazu verpflichtet haben. Warum nicht? Weil die Umsetzung von Basel III die Banken verpflichten würde, die für Basel II notwendige Infrastruktur nachzurüsten. Das dauert und das kostet. Es fehlen dafür praktisch alle Voraussetzungen. Die Aufsicht wäre nicht einmal darauf vorbereitet, von den Banken noch zu entwickelnde interne Ratingsysteme zu prüfen und abzunehmen, selbst wenn diese in der Lage wären, sie aufzubauen.

Die vielen Ausnahmen waren auch dafür verantwortlich, dass nicht immer klar war, ob eine Bank durch die Entscheidung für einen IRB- oder gar einen IRB-Advanced-Ansatz wirklich Vorteile bei der Kapitalbindung erzielen würde, weil Inkonsistenzen das Bild verzerrten.

Das Thema Risikofreiheit von Krediten an Länder war dann ja auch eines, mit dem man sich später im Rahmen der Eurokrise noch befassen durfte. Es sei bereits an dieser Stelle darauf verwiesen, dass es eine ungeheuerliche Verlogenheit ist, die Banken dafür verantwortlich zu machen, dass sie Staatsanleihen von Euroländern im Portfolio hatten und dann dadurch in Schwierigkeiten geraten sind. Nein, die Wahrheit ist viel profaner. Aufgrund der gesetzlichen Rahmenbedingungen hatten die Banken gar keine andere Wahl, als diese Anleihen zu kaufen und dort ihre nicht in direkten Krediten gebundenen Mittel zu parken. Selbst für die Vorgaben der Liquiditätskennzahlen nach Basel III ist es unumgänglich für die Banken, große Portfolien von Staatsanleihen zu halten. Denn wie uns die Eurokrise gelehrt hat, sind die ja garantiert immer liquide und werthaltig ...

Die Verwässerung von Basel II durch Lobbygruppen

Diese Regeln stammen aber von der Politik, nicht von den Banken.

So verstand es die Politik unter dem Druck von Lobbygruppen und Partikularinteressen, eine richtige Idee so lange zu zerfleddern, zu verzögern und zu obstruieren, bis etwas herauskam, was mehr einer Art Flickenteppich glich. Trotzdem führte Basel II zu einer wesentlichen Verbesserung der Standards des Kreditrisikomanagements von Banken. Da tut sich die berechtigte Frage auf, wie es denn dann zu den Fehlleistungen beim Risikomanagement der Banken kommen konnte, die ja auch notwendige Zutaten zur Entstehung der Krise waren.

Die Antwort mag überraschen: Die Risiken suchten sich ihren Weg in die Bankbilanzen gerade überall dort, wo man größere oder kleinere Lücken in der Infrastruktur der Risikoerkennung und -messung gelassen hatte. Diese Lücken waren im Wesentlichen das Ergebnis der bereits erwähnten Durchsetzung von Sonderinteressen und resultierenden Ausnahmeregelungen und Verzerrungen.

Die US-Hypothekenbanken zum Beispiel waren gar nicht von der neuen Regulierung erfasst, das hatte fleißige Lobbyarbeit verhindert. In Europa hatten die meisten Banken ihr traditionelles Geschäft mit Endkunden sauber abgedeckt. Es gab interne Verfahren für Konsumentenkredite, Mittelstandskredite, Industriekredite, ja sogar für so exotisch anmutende Segmente wie kommerzielle Immobilienfinanzierungen, Flugzeugleasing, Projektfinanzierungen und – ja auch das! – Länderratings.

Was es nicht gab, waren funktionierende Verfahren für die Risikobewertung von Verbriefungen, denn mit Duldung der Bankenaufsicht hatte man sich dort auf die externen Ratings der Agenturen gestützt.

Das waren aber nicht die Erkenntnisse, die die Politik aus der Krise zog. Dort war man stattdessen zu der Auffassung gelangt, dass Basel II Mitschuld an der Entstehung der Krise trug. Warum? Weil Banken, die ein sehr konservatives und risikoabstinentes Portfolio gefahren hatten, mit deutlich weniger Kapital als Risikopuffer auskamen als vor der Reform. Und Kapital war der neue Fetisch.

Die Tatsache, dass der Steuerzahler pleitegegangene Banken neu kapitalisieren musste, führte in einer typischen logischen Kurzschlussreaktion zu der Erkenntnis, dass die ganze Krise nie passiert wäre, wenn die Banken nur zur Vorhaltung von mehr Kapital gezwungen worden wären. Dabei wurde übersehen, dass Institute wie Lehman und Northern Rock zum Zeitpunkt ihrer Pleite mit über 15 Prozent Eigenkapital zu den angeblich am besten kapitalisierten Instituten zählten, während andere, wie zum Beispiel die Deutsche Bank, die Krise mit deutlich weniger Bilanzkapital ohne wesentliche Blessuren und Staatshilfe überstanden.

Solche Differenzierungen sind natürlich in der politischen Debatte nur Petitessen.

Also hieß es Kommando zurück. Im Zuge des – diesmal mit sehr viel höherer Geschwindigkeit verabschiedeten – Reformwerkes »Basel III« wurden wieder Untergrenzen für das Kapital relativ zum gesamten Kreditvolumen eingeführt, als hätte es die Debatte um die gefährlichen Anreize regulatorischer Arbitrage nie gegeben. Es wird interessant sein zu beobachten, wer als Sündenbock herhalten muss, wenn diese Neuregelung in vielleicht zehn Jahren den Nachfolgern ihrer Erfinder um die Ohren fliegt.

Richtig erkannt hatte man allerdings, dass es für Banken nicht nur gefährlich sein kann, wenn sie ihre Kredit- oder Marktrisiken nicht im Griff haben, sondern dass das Gleiche für das Liquiditätsrisiko gilt. Das war es dann aber auch schon.

Die Umsetzung der aus dieser Erkenntnis abgeleiteten Vorschriften, wie die Banken ihr Liquiditätsrisiko künftig zu steuern haben, liest sich wie die Kehrvorschrift des preußischen Handbuchs für die Stubenreinigung von Rekruten beim Militär: »Der Kehrbesen ist im Winkel von 30 Grad vom Körper wegzuhalten und durch gleichmäßige und zeilenförmige Streichbewegungen von links nach rechts zu führen, wobei der ausführende Rekrut mit jeder Zeile einen Schritt zurückweicht, welcher der ungefähren Länge des Kehraufsatzes am Besenstil entspricht, um Staub und Unrat entlang einer Linie zu sammeln, bevor sie mit einer Drehung des Kehrenden um 90 Grad gehäufelt werden, damit sie in einem zweiten Arbeitsschritt mithilfe der Kehrschaufel aufzunehmen sind.«

Leider konnte ich hier nur sinngemäß aus dem Gedächtnis zitieren, weil die alte Quelle dieser schönen Anleitung nicht mehr aufzufinden war. Ich bin mir trotzdem vergleichsweise sicher, dass der Leser die intellektuelle Herausforderung dieses algorithmischen Kehrichtentsorgungskonzepts zu würdigen weiß.

So wie man die Erkenntnis über Bord geworfen hatte, dass man als Aufsicht für den Fortschritt im Kreditrisikomanagement Anreize schaffen sollte, wählte man auch hier einen rein präskriptiven Weg. Es wurden Kennzahlen definiert, die im Prinzip völlig starre Risikopuffer an Liquidität vorsehen und keinerlei Rabatt einräumen, wenn eine Bank ein fortschrittlicheres System entwickeln möchte oder ein höheres Maß an Liquiditätsrisikotransparenz schafft. Dazu kommt, dass es zwar eine nette Sache für eine Bank ist, einen Liquiditätspuffer zu haben, dass dieser Puffer aber in einer echten Krisensituation, einem »Bank Run«, immer hoffnungslos zu klein ist. Auch bei vollständiger Compliance wird in Zukunft keine Bank auf die Rettung durch die Zentralbank als lender of last resort verzichten können, wenn es bei der Liquiditätsversorgung hart auf hart kommt.

Too big to fail?

Was sich nicht geändert hat, ist der Umstand, dass sich die Gesellschaft bzw. die Steuerzahler auch weiterhin in Geiselhaft des systemischen Risikos befinden. Es lohnt daher, sich die eine oder andere Wegmarke der Debatte um das Thema »Too big to fail« etwas näher anzusehen.

Wegmarke? Welche Wegmarke?

Eigentlich ist außer einer halbwegs hilfreichen Diskussion um die Frage, wie groß eine Bank sein muss, damit sie systemische Bedeutung hat, und der Diskussion um das Trennbankensystem, zu der vor allem die Liikanen-Kommission gute Beiträge geleistet hat, nicht viel passiert.

Die Liikanen-Kommission, benannt nach ihrem Leiter, dem Chef der Finnischen Zentralbank, hat es gewagt, in ein Wespennest zu stechen und damit dankenswerterweise wenigstens die Debatte um eine sinnvolle und ordnungspolitisch durchdachte Kontrolle des systemischen Risikos am Leben erhalten. Es wird sich in den nächsten Monaten oder Jahren zeigen, ob sich in der Politik der Mut findet, die dort empfohlenen Strukturreformen der Bankenaufsicht umzusetzen und so die Voraussetzungen zu schaffen, dass auch große Banken, die im Wettbewerb versagen, den Weg alles Irdischen gehen dürfen.

Diese Vorschläge laufen darauf hinaus, ein Trennbankensystem einzuführen, ein Haftungsregime, das den Steuerzahler ans Ende der Reihe von Zahlonkels setzt, statt an ihren Anfang, sowie eine Verschärfung der Kapitalreservevorschriften für besonders risikobehaftete Aktivitäten und Überlegungen zur Governance insbesondere mit Blick auf die Boni. Vor dem Mut dieser Gruppe, unbequeme Fragen mit unbequemen Antworten zu versehen, muss man den Hut ziehen, auch wenn man in Details anderer Meinung sein mag.

Diese Diskussion ist einzuordnen in die Entscheidungen zur Bankenunion im Euroraum, die im Prinzip drei Überlegungen vorantreibt: die Einrichtung einer einheitlichen europäischen Bankenaufsicht unter dem Dach der Europäischen Zentralbank, die Möglichkeit, von der EZB beaufsichtigte Banken durch direkte Beihilfen des Europäischen Stabilitätsmechanismus ESM zu retten und die Forderung nach Einrichtung einer ebenfalls europaweiten Sicherungseinrichtung für Spareinlagen, in der die nationalen oder sektoralen Sicherungseinrichtungen aufgehen sollen.

Es lohnt sich, diese Vorschläge daraufhin abzuklopfen, ob und in welcher Gestaltung sie mit den Prinzipien einer freiheitlichen Marktwirtschaft übereinstimmen oder eben nicht.

Das Trennbankensystem

Bereits vor rund 80 Jahren, nach dem Börsencrash 1929, wurde im Zuge des Glass-Steagall Act in den USA ein Trennbankensystem eingeführt.

Man kann die Geschäftsfelder der Banken in wenige Bereiche einteilen. Da ist zum einen das »Commercial Banking«. Das ist das traditionelle Brot- und Buttergeschäft der Banken: Spareinlagen annehmen, Kredite an Kunden vergeben. Dazu gibt es eine Komponente des »Transaction Banking«, nämlich den Zahlungsverkehr, das sind die Zahlungseingänge, Überweisungen, Buchungen usw. auf Ihrem Kontoauszug.

Daneben gibt es das Investmentbanking. Da geht es zum einen um das Wertpapiergeschäft für Kunden im Sinne von Emissionsgeschäft, also die Platzierung von Aktien und Anleihen, und verwandt damit die Elemente des »Corporate Banking«, wie zum Beispiel M&A, strukturierte komplexe Finanzierungen, Liquiditätsmanagement usw. Aber auch der Handel mit Derivaten, um Kunden gegen bestimmte Risiken zu versichern, gehört hier zum Kerngeschäft. Beispielsweise sichern sich internationale Handelshäuser, Importeure und Exporteure häufig mit solchen Produkten gegen Wechselkursschwankungen ab. Die Globalisierung der Produktionsketten hat die Bedeutung dieser Wechselkursabsicherungen enorm gesteigert.

Angrenzend an das Wertpapiergeschäft für Kunden gibt es noch den Eigenhandel. Die Bank kauft und verkauft Wertpapiere und Derivate, um selbst auf künftige Preisentwicklungen zu wetten.

Im Zuge der Weltwirtschaftskrise als Folge des Börsencrashs 1929 kam bereits einmal ein Gesetzgeber zu der Überzeugung, dass es keine gute Idee ist, wenn die kleinen Sparer mit ihren Einlagen dafür haften, dass Banken, wie man es etwas lässig formuliert, »Risikopositionen nehmen«. Eine Risikoposition zu nehmen ist ein etwas vornehmerer Ausdruck für wetten, Neudeutsch zocken. Banken wetten im Rahmen ihrer Handelsaktivitäten, die im Investmentbanking angesiedelt sind, auf die unterschiedlichsten Dinge. Auf steigende Zinsen, auf fallende Zinsen, auf beides gleichzeitig in unterschiedlichen Laufzeiten, auf Bewegungen von Wechselkursen und Aktienpreisen oder auf deren Volatilität, auf Indizes, auf Rohstoffpreise, auf das Wetter (ja, auch das, denn davon hängen Ernten und damit Nahrungsmittelrohstoffpreise oder die Schadensverläufe von Katastrophenversicherungen ab).

Vom Nutzen der Spekulation

Jetzt höre ich schon wieder den anschwellenden interventionistischen Bocksgesang, der die Spekulation in Grund und Boden verdammt. Nicht umsonst wurden Spekulanten und Verbrecher in sozialistischen Systemen, von Stalins Sowjetunion bis Pol Pots kambodschanischem Steinzeitkommunismus, in einem Atemzug genannt und auch gleichbehandelt. Der Spekulant wurde von diesen Weltverbesserern für alle Übel des Planeten verantwortlich gemacht, insbesondere für Hunger und Elend der arbeitenden Bevölkerung. Das ist natürlich Schwachsinn. Das war damals so und ist es bis heute geblieben.

Es gibt keine einzige ernst zu nehmende empirische Studie, die nachweist, dass Spekulation Armut befördert, außer bei solchen Spekulanten, die auf das falsche Pferd setzten, sich also »verspekuliert« haben und deshalb ihr Geld verlieren. Im Gegenteil. Spekulation beruht darauf, künftige Preisänderungen vorwegzunehmen und dadurch Gewinne zu erzielen. Nur wenn der Spekulant richtig liegt, also die sich verändernde relative Knappheit korrekt vorhergesagt hat, wird er Gewinn machen. Wenn das nicht der Fall ist, verliert er sein Geld und scheidet aus dem Markt aus. Das ist ein evolutionärer Prozess. Spekulanten, die danebenliegen, werden von der marktgetriebenen Evolution aussortiert.

Liegen sie aber richtig, dann schaffen sie nicht nur Gewinn für sich, sondern tragen zum gesamtwirtschaftlichen Wohlstand bei. Wie das? Ganz einfach. Nehmen wir einen Spekulanten, der die Meinung vertritt, dass der Weizenpreis steigt. Um sich an diesem Preisanstieg zu »bereichern«, wird er entweder Weizen kaufen oder – was effizienter ist – er wird Optionen auf den künftigen Kauf von Weizen zu einem festen Preis erwerben.

Steigt der Preis später an, so ist dies die Folge relativer Knappheit, zum Beispiel schlechte Ernten oder eine erhöhte Nachfrage durch Bevölkerungszuwachs etc. Die Spekulation auf den steigenden Preis führt aber dazu, dass der Markt bereits vor dem Preisanstieg vermehrt finanzielle Mittel für die Produktion von Weizen zur Verfügung stellt. Damit fließen mehr produktive Mittel zu einem früheren Zeitpunkt in die Produktion von Weizen, als dies ohne Spekulation der Fall wäre. Das erhöht die Produktion und das wiederum führt zu einem späteren Zeitpunkt dazu, dass die Fundamentaldaten des Weizenmarktes einen weniger starken Anstieg des Preises implizieren, als dies ohne die Spekulation möglich gewesen wäre.

Kurz gesagt: Erfolgreiche Spekulation verkürzt die Reaktionszeit des Marktpreises, welcher die Produktionsmittel in die richtige Verwendung lenkt, indem er den Marktteilnehmern die entscheidenden Informationen liefert. Die Spekulation verringert so in der Regel die Preisausschläge und Volatilitäten am Markt, auch wenn das für die meisten Menschen paradox klingt und für manchen aus ideologischen Gründen einfach nicht einzusehen ist. Es ist aber leicht nachzuvollziehen, dass das für die Verbraucher von Weizen eine gute Sache ist.

Wenn wir uns also darüber ereifern, dass Banken durch eigene Positionsnahme spekulieren, dann ist der unspezifische allgemeine Hass auf die Spekulation als solche ein denkbar ungeeignetes Motiv.

Dazu kommt, dass der Übergang zwischen dem normalen Geschäftsmodell einer Bank und der Übernahme von spekulativen Positionen ein fließender ist. Das wird deutlich am Beispiel der Fristentransformation. Fristentransformation ist etwas, was alle Banken in einem gewissen Umfang dadurch tun, dass sie sich Geld von ihren Kunden im Wege der Spareinlagen kurzfristig leihen, um es dann langfristig zu verleihen. Da in aller Regel der langfristige Zins höher liegt als der kurzfristige, entsteht für die Bank dabei eine Marge, die man als Transformationsgewinn bezeichnet.

Nun gibt es aber Situationen, in denen sich die Verhältnisse an den Zinsmärkten umkehren. Meistens vor Beginn einer Rezession führt das Zusammenspiel bestimmter geldpolitischer und makroökonomischer Effekte häufig zu einer sogenannten Inversion der Zinsstrukturkurve, plötzlich liegt der kurzfristige Zins für 3-Monats-Geld deutlich höher als der Zins für 5- oder 10-jährige Kredite. Dann kann die Bank ein Problem haben, sie hat sich gewissermaßen aufgrund ihres ganz normalen Geschäftsmodells verspekuliert.

Ist es also gut und immer zu befürworten, dass Banken zocken? Die Antwort ist ganz klar: Nein.

Mein Gott, kann der Mann sich mal entscheiden, was er will, höre ich jetzt den einen oder anderen aufstöhnen. Die Antwort liegt aber schlichtweg nicht darin, ob Spekulation per se gut oder schlecht ist. Sie liegt im Falle der Banken darin, mit wessen Geld hier spekuliert wird. Wenn die Bank ihr eigenes Geld dafür einsetzt, so sollte im Prinzip nichts dagegen einzuwenden sein. Doch wir erinnern uns mit Blick auf Radio Eriwan, dass dem »Im Prinzip ja« ein »Aber« folgt.

In vielen Fällen ist es gar nicht das eigene Geld der Bank, sondern es ist oft genug das Geld ihrer Sparer, das aufs Spiel gesetzt wird. Oder, noch einen Schritt weiter, es ist das Geld der Steuerzahler. Nach der Devise: Wenn das gutgeht, dann streichen wir den Gewinn ein, und wenn es schiefgeht, dann wird der Steuerzahler schnell merken, dass es in seinem eigenen Interesse ist, einen schönen Rettungsschirm über uns aufzuspannen, weil wir zu groß sind, um uns untergehen zu lassen – womit wir wieder bei dem »Too big to fail«-Problem wären.

Hinzu kommt noch eine weitere Komplikation. Die Bank ist zwar die wirtschaftliche Einheit, auf deren Büchern sich das Risiko oft genug wiederfindet, das heißt aber nicht, dass sie im Falle einer erfolgreichen Spekulation auch die wirtschaftlichen Früchte aus dieser ziehen kann. So manche Bank ist schon durch eigenes organisatorisches

Versagen in die Fänge ihrer eigenen Händler geraten. Man muss sich als Aktionär schon fragen, wie es sein kann, dass die Bank, die einem gehört, von Rekordgewinn zu Rekordgewinn eilt, und davon irgendwie nur Mickerbeträge beim Aktionär ankommen, während der gewaltige Rest in die Boni von angestellten Tradern fließt, die zwar das Risiko eingegangen sind, es aber nicht getragen haben.

Woran erkennt man nun, ob eine Bank ihr eigenes Geld oder fremdes Geld aufs »Spiel« setzt? Das ist nicht einfach, aber es gibt ein paar Indikatoren und Indizien, die im Rahmen der Trennbankendebatte ans Licht gekommen sind. Diese Diskussion dreht sich um die Frage, ob man es gesetzlich erzwingen soll, das Banken ihr Kredit- und Einlagengeschäft scharf vom Investmentbanking trennen müssen oder ob man sogar so weit geht, die Banken vor die Wahl zu stellen, entweder nur das eine oder nur das andere zu tun.

Und das hat etwas mit Haftung für mögliche Verluste zu tun.

Jeder, der schon mal gewettet hat, weiß, dass man eine Wette verlieren kann. Um die Folgen verlorener Wetten abzuschätzen und zu berechnen, wie viel Eigenkapital die Bank als Rückversicherung benötigt, um auch größere, aber mit abschätzbarer Wahrscheinlichkeit eintretende Verluste zu überleben, gibt es – analog dem, was wir im Kreditrisiko gesehen haben – Marktrisikomodelle.

Marktrisikomodelle sind regelrechte Daten- und Rechenmonster. Um die beispielsweise im Zinshandel inhärenten Risiken zu verstehen und sie zu bemessen, benötigt man historische Daten der Zinsentwicklung über alle Laufzeitbänder und zwar für einen sehr langen Zeitraum. Das Gleiche gilt für die Risiken aus Wechselkursen, Rohstoffen, Aktien, usw. Es genügt dabei auch nicht, die einzelnen Risiken zu verstehen. Ebenso wie bei den Krediten gilt es zu klären, ob Korrelationen zwischen den Preisbewegungen existieren, wie stabil diese Korrelationen sind, wie sehr wir uns auf stochastische Unabhängigkeit zwischen einzelnen Risiken verlassen können, um Diversifikationsvorteile im Gesamtportfolio unserer Wetten nutzen zu können, und wie sich unser fabelhaftes Modell bei echtem Stress verhält.

Sie sehen, das ist eine Wissenschaft für sich, und wenn man so ein Modell baut, kann es ganz leicht passieren, dass eine falsche Annahme, ein Programmierfehler oder eine nicht saubere Datenreihe das ganze Ergebnis zum Entgleisen bringt. Wenn ein Modell zu kompliziert wird und plötzlich anfängt, verrückte Dinge zu tun, die mit der Wirklichkeit nichts mehr zu tun haben, weil kleinste Effekte sich plötzlich im Modell aufzuschaukeln beginnen, können Sie das ganze Ding in die Tonne kippen. Man sagt dazu »das Modell kratert«. Kratert wie Meteoritenkrater, Sie verstehen.

Eine Universalbank, die sich in vielen unterschiedlichen Risiken bewegt, macht beides: klassisches Commercial Banking und Investmentbanking. Man könnte das auch Döner-Banking nennen. Da gehen Sie auch an die Theke und bestellen einmal den Döner »mit allem«. »Mit allem« kann eine leckere Sache sein, aber wenn Zwiebeln oder Knoblauch drin sind, dann ist es besser, wenn sie danach kein geschäftliches Meeting haben.

»Mit allem« ist in der Welt der großen Banken aus zwei Gründen beliebt: Erstens, weil man hoffen darf, in jedem der Geschäftsfelder Geld zu verdienen, und zweitens, weil man darauf setzen darf, dass sich die Risiken nicht nur innerhalb des Kreditportfolios und innerhalb des sogenannten Marktrisikoportfolios (also Zinsen, Währungen, Aktien ...) teilweise durch Diversifikation herausrechnen lassen, sondern auch zwischen diesen beiden großen Gruppen von Risiken. Mit anderen Worten: Sie können hoffen, Verluste im Kreditgeschäft mit Gewinnen im Eigenhandel oder Investmentbanking auszugleichen und umgekehrt.

Konkret bedeutet das an einem Beispiel: Wenn Sie für Ihre Kreditrisiken 10 Milliarden Euro Kapital und für die Marktrisiken auch 10 Milliarden Euro Kapital zur Deckung benötigen, dann brauchen Sie für beides zusammen nicht 20, sondern deutlich weniger. Wie viel weniger hängt von den geschätzten Diversifikationseffekten ab. Und wenn Sie zum Beispiel nur 15 Milliarden brauchen, dann sparen sie 5 Milliarden und ihre Eigenkapitalrendite steigt um den Faktor 1/0,75. Dann können Sie als Vorstand eine tolle Shareholder-Value-Geschichte erzählen. Das treibt Ihren Bonus hoffentlich nach oben.

Ist das jetzt gut oder schlecht?

Also, auch auf die Gefahr hin, in der ausgezeichneten Betriebskantine einer bestimmten Großbank nicht mehr bedient zu werden, finde ich das schlecht. Ganz schlecht. Und das hat mehrere Gründe.

Letztlich machen wir für die Spekulationsverluste, die wir als Bank mit dem Risikoappetit unserer Bonus-Testosteron-getriebenen Händler erleiden könnten, die Sparer haftbar. Vor allem dann, wenn unser schlaues Modell schiefliegt, also der angeblich nur einmal in 10 000 Jahren eintretende Fall eines extremen Stress-Szenarios leider schon 2008 eintritt und wir uns bei der Frage der tatsächlichen Diversifikationsvorteile total verschätzt haben, weil unser smartes nobelpreisverdächtiges Modell noch nie in einer echten Krise getestet wurde.

Apropos 10 000 Jahre. Hier muss ich das im ersten Kapitel erläuterte Konzept des unerwarteten Verlustes ein wenig erweitern und Ihnen einen schnellen Überblick geben, was es mit der fabelhaften Welt des Konfidenzintervalls auf sich hat.

Das Konfidenzintervall und seine in die Irre Geführten

Sie erinnern sich, dass wir mithilfe Ihrer reizenden Töchter das Konzept des unerwarteten Verlustes dingfest gemacht haben. Dieser unerwartete Verlust wird ausgedrückt in der sogenannten Standardabweichung, also einem Maß, das uns sagt, mit welcher Wahrscheinlichkeit wir das Unerwartete erwarten dürfen. Sie erinnern sich außerdem, dass der Erwartungswert der Ausgaben je Tochter im Einkaufsparadies 200 Euro beträgt. Nehmen wir jetzt einfach mal an, die Standardabweichung beträgt 50 Euro. Dann sagt uns die Wahrscheinlichkeitsrechnung im Falle einer Normalverteilung, dass die Ausgaben Ihrer Tochter mit einer Wahrscheinlichkeit von 66 Prozent zwischen 150 und 250 Euro liegen werden, also 200 plus/minus 50 Euro.

Diese Spanne können Sie als Konfidenzintervall bezeichnen.

Die Verteilung erlaubt es Ihnen nun, andere Intervalle beliebig zu definieren. Sie können zum Beispiel fragen, mit welcher Wahrscheinlichkeit Sie zwischen 100 und 300 oder zwischen 50 und 350 Euro liegen werden. Oder zwischen 0 und 400.

Hier sehen Sie übrigens die Grenzen unseres Beispiels. Mathematisch könnten Sie jetzt auch fragen, wie das von minus 50 bis plus 450 mit der Konfidenz ist, aber praktisch können Sie das vergessen. Ihre Tochter wird nicht auf der Zeil Gitarre spielen, damit sie Ihnen 50 Euro nach Hause bringen kann.

Das Interessante am Konzept des Konfidenzintervalls ist, dass die Bank zum Beispiel ihr Modell wie das Orakel von Delphi befragen kann, wie hoch der Verlust ist, den sie nur mit einer Wahrscheinlichkeit von sagen wir 0,1 Prozent erleidet. Oder 0,01 Prozent, also 1:10000 Das Modell wird, weil es einfach nur mechanisch auf die Frage reagiert, dafür eine Verlustgröße ausspucken.

Warum ist das so? Weil die mathematisch definierte Verteilung auch ganz weit weg vom Mittelwert noch klaren mathematischen Gesetzen folgt, egal, ob das noch etwas mit der Realität zu tun hat oder nicht. Wir haben allein durch die Wahl der Verteilungsform aus dem mathematischen Baukasten eine Annahme über die Wahrscheinlichkeiten extremer Ereignisse getroffen, ohne dass wir dafür Beweise in Form empirischer Daten einsammeln könnten. Denn was angeblich nur alle 10 000 Jahre passiert, können Sie schlecht in den wenigen Jahren beobachten, die unserem Modellbauer für die Entwicklung seines Spielzeugs zur Verfügung stehen.

Damit können Sie Ihre »Das passiert nur alle 10 000 Jahre«-Aussage natürlich genauso vergessen wie das Gitarrenszenario auf der Zeil. Der Unterschied zwischen Ihnen und einigen Banken ist aber ganz einfach: Ihnen ist das klar.

Trotzdem ist das mit dem Konfidenzintervall eine nützliche Übung. Nicht weil Sie das Ergebnis glauben, sondern weil Sie jetzt herausfinden können, von welchen Annahmen das Ergebnis abhängt. Da lässt sich für das operative Risikomanagement und die Frage, wie man große Verluste in Stresssituationen verhindert oder wenigstens verringert, eine Menge lernen.

Was lernen wir daraus für die Frage, ob wir den Diversifikationsvorteil zwischen Commercial Bank und Investmentbank nutzen sollen, um den Kapitalbedarf auf die oben beschriebene Weise zu senken und »Shareholder-Value« zu schaffen? Wir lernen vor allem, dass diese Zahl, wenn es hart auf hart kommt, eine Schimäre ist. Wenn die Märkte durch Panik in die Illiquidität abrutschen, wird die stochastisch maximal unabhängige »Braunsche Bewegung« des atomistischen Marktes eingefroren und gleichgerichtet. Diversifikation steht dann auf dem Erinnerungswunschzettel zu Weihnachten. Fragt sich nur welches Weihnachten.

Dass diese Szenarien also nur alle 1000 oder 10 000 Jahre vorkommen, ist genauso ein Humbug wie die Behauptung, dass Atomkraftwerke nur alle 5000 Jahre einmal durchbrennen, jedenfalls wenn wir die Notstromgeneratoren alle am Strand parken, wo sie schneller gemeinsam baden gehen können. Da sind die Modelle auch an den Korrelationsannahmen gescheitert.

Glass Steagall vs. Ring Fencing

Wenn man das also nicht sauber abschätzen kann, dann landet die Rechnung fehlgeschlagener Spekulationsgeschäfte mit einer sehr viel höheren Wahrscheinlichkeit als gedacht beim Sparer in der Geschäftsbank. Und weil die Politik den Sparer aus naheliegenden Gründen nicht untergehen lassen kann (es sei denn, er ist Russe und wohnt auf Zypern), landet die Rechnung beim Steuerzahler.

Das könnte man auf simple Weise verhindern. Entweder man zwingt die Banken, ihre entsprechenden Aktivitäten abzuspalten und jede Vermischung oder wechselseitige Haftung zu unterlassen (strenges Trennbankensystem à la Glass-Steagall Act), oder man zwingt die Institute zu einem »Ring Fencing«, also die Auslagerung der einzelnen Aktivitäten in rechtlich selbstständige Tochtergesellschaften, die wiederum haftungstechnisch klar voneinander getrennt sind. Letztere Variante hat den Vorteil, dass eine Bank ihren großen Firmenkunden weiterhin alle Dienstleistungen »aus einer Hand« anbieten kann.

Wenn Sie also jetzt lesen, dass eine große Universalbank ihre Ablehnung eines Trennbankensystems oder eines Ring Fencing damit begründet, dass sie dann etliche Milliarden zusätzliches Kapital benötigen würde, dann haben Sie eine Vorstellung davon, welchen Diversifikationsvorteil zwischen Kredit- und Marktrisiko sie mithilfe ihres internen Risikomodells geschätzt hat. Anders ausgedrückt: Sie sehen, mit welchem Betrag der Sparkunde bzw. in zweiter Linie der Steuerzahler bei der Investmentbank im Risiko steht, ohne dafür eine Gegenleistung zu bekommen, wenn die Bank sich mit ihrem Modell verschätzt hat.

Also für das Protokoll: Spekulation ist gut, sie ist gesund für das freie Spiel des Marktes. Wer spekuliert, tut etwas Gutes. Aber bitte mit eigenem Geld. Spekulation mit dem Geld anderer Leute zum eigenen Vorteil und zum Nachteil der Eigentümer, wenn es schiefgeht, ist nicht nur ethisch höchst fragwürdig, es bewirkt auch, dass versagende Spekulation nicht von den Marktkräften abgestraft und aussortiert werden kann. Es schädigt so die Signalfunktion des Marktpreises.

Wer nun aber das Trennbankensystem für einen unzulässigen Eingriff in die Freiheit des Wirtschaftens hält, sollte sich drei Dinge vor Augen halten:

1. Das Überwälzen von Kosten meines Wirtschaftens auf unbeteiligte Dritte hat ebenso wenig mit Freiheit zu tun wie das unkontrollierte Verschmutzen der Umwelt zulasten der Allgemeinheit und auf Kosten anderer.

2. Die Alternative zu einem Trennbankensystem ist ein sehr viel stärkeres, ständiges Kontrollieren, Eingreifen und regulatorisches Hineinregieren in die internen Abläufe der Universalbanken. Das Ziel, die »finanzielle Umweltverschmutzung« zu verhindern, wird mit viel mehr Kosten und mit einem viel höheren Verlust an Freiheit bezahlt.

3. Die Haftung der Allgemeinheit für die Risiken von Privaten ist nichts anderes als eine Subvention. Niemand wird ernsthaft be-

haupten, dass Subventionen nicht Feinde der wirtschaftlichen Freiheit seien.

Und deshalb ist ein Trennbankensystem für den Steuerzahler, den Sparer und Bankkunden und für die freie marktwirtschaftliche Ordnung gar keine schlechte Idee. Für Ihren Geldbeutel als Steuerzahler sowieso nicht.

Das Haftungsregime für Banken

Wie wir bereits eingangs gesehen haben, hat das mit dem »Too big to fail« verbundene systemische Risiko letztlich dazu geführt, betriebswirtschaftliche Verlustrisiken auf die Allgemeinheit zu übertragen, obwohl die mit den Risiken erzielten Gewinne privatisiert werden. Das erscheint dem billig und gerecht denkenden Menschen als nicht richtig.

Wenn wir also wollen, dass sich dies ändert, brauchen wir ein Insolvenzregime für Banken, das die Haftungsverhältnisse wieder gerade rückt und zugleich sicherstellt, dass die Abwicklung einer Bank keine gesamtwirtschaftlichen Katastrophen auslöst. Im Zuge der diskutierten Bankenunion hat nunmehr die Europäische Kommission einen Vorschlag gemacht, wie diese Haftung abzugrenzen ist. An erster Stelle der Haftung soll demnach der Aktionär stehen, also das Eigenkapital der Bank. Danach sollen die Anleiheeigentümer haften, dann die Sparer mit dem über 100 000 Euro hinausgehenden Einlagebetrag und dann erst der Steuerzahler.

Das ist im Prinzip keine so üble Idee. Das Erstaunliche an ihr ist jedoch, dass diese Ordnung der Dinge auch schon jetzt unserer Rechtsordnung im Wesentlichen entspricht. Und das war auch schon vor Beginn der Finanzkrise der Fall. Einzig die Besserstellung der Sparer gegenüber den Anleiheeignern ist nicht ganz einzusehen, sofern sie über den von der Einlagenversicherung erfassten Betrag von 100 000 Euro hinausgeht. Warum sind Anleiheeigner weniger schutzbedürftig als Sparer? Anleiheeigner sind meistens institutionelle Investoren, zum Beispiel Lebensversicherungen. Da geht es ganz konkret um die Alterssicherung der kleinen Leute. Die dürften wohl den gleichen Anspruch haben und sollten nicht deshalb schlechter gestellt werden, weil es Politiker gibt, die denken, das träfe nur »die Versicherungsunternehmen«.

Aber von solchen Petitessen abgesehen ist das stimmig.

Die Frage ist jedoch nicht, wie man die Haftungsreihenfolge gerne hätte, sondern wie man das umsetzt. Wie bekommt man ein Insolvenzregime für Banken hin, das dem jetzt schon geltenden Recht wieder zu seiner Wirksamkeit verhilft? Dazu haben wir aus Brüssel noch nicht allzu viel gehört. Eine Lösung könnte darin bestehen, dass man die Insolvenz einer Bank durch die Zentralbank abwickeln lässt. Dazu gibt es durchdachte Vorschläge von ordnungspolitisch gepolten Professoren, denen der dauernde Griff in die Tasche des Steuerzahlers zugunsten schlecht geführter Banken schon lange ein Dorn im Auge ist:

Eine Bank, die Pleite ist, geht bei Insolvenzantrag sofort und unwiderruflich in die Hände der Zentralbank über. Diese entscheidet dann nach den Kriterien der Haftungsreihenfolge über Auszahlungen und stellt sicher, dass das Zahlungsverkehrssystem der Bank normal weiterarbeitet. Die Aktionäre werden sofort auf null gesetzt und das Management auch. Anschließend wickelt die Zentralbank das Institut ab und veräußert alle Vermögenswerte. Die Fähigkeit der Zentralbank, diesen Prozess immer mit der ausreichenden Liquidität zu versehen, schafft das Vertrauen, das für die Vermeidung einer Kettenreaktion notwendig ist.

Der Autor sieht ein, dass das eigentlich eine nicht wünschenswerte Grenzüberschreitung zwischen Geldpolitik und Fiskalpolitik ist. Daher sollte der Topf, der als Sicherheit dient, möglichst schnell aus einer Bankeninsolvenzversicherung gespeist werden, in die alle Institute entsprechend ihrem Beitrag zum systemischen Risiko einzahlen müssen.

Bis das erreicht ist (und das Ansparen eines ausreichend großen Topfes wird ein paar Jahre dauern), kommt leider alternativ nur der Steuerzahler in Frage, egal ob auf europäischer oder nationaler Ebene.

Kapitalpuffer als neuer Fetisch

Wie bereits erwähnt, ist es sehr en vogue in der Politik, durch immer größere Risikopuffer in Form von Eigenkapital eine vermeintliche Sicherheit im Bankensystem zu schaffen, auf deren Grundlage man dann angeblich keine Bankenrettungen mehr braucht. Das ist ein großer Trugschluss, solange es nicht gelingt, Risikotransparenz in den Bankbilanzen zu erzwingen. Denn was nützt das größte bilanzielle Eigenkapital von 10 Prozent, 12 Prozent oder 20 Prozent, wenn versteckte Risiken dieses ausgewiesene Kapital schon längst aufgefressen haben oder so groß sind, dass auch dieses Mehr an Kapital das Risiko nicht abzufedern in der Lage ist.

Bereits 2009/2010 wurden im Zuge der Basel-III-Reform deutlich verschärfte Eigenkapitalvorschriften auf den Weg gebracht. Damals war man noch der richtigen Auffassung, dass die Erhöhung der Eigenmittel der Banken ein Prozess sein sollte, der über mehrere Jahre gestreckt umgesetzt werden sollte, damit die Fähigkeit der Banken, Kredite zu vergeben, nicht durch eine plötzliche extreme Kapitalknappheit stranguliert würde. Das war sehr vorausschauend, nur unsere Finanzministerialen und die Kollegen in Brüssel und bei der EBA haben das Argument offenbar nicht verstanden.

Die erst kurz zuvor geschaffene europäische Bankenaufsicht European Banking Authority (EBA) in London hatte die Banken in Euroland mit einer Serie von »Stresstests« gegängelt, um das schon zuvor postulierte »Kapitaldefizit« zu schätzen. Diese Stresstests zeichneten sich vor allem dadurch aus, dass sie zwar die Banken mit riesigen Datenanfragen einer Beschäftigungstherapie unterzogen, aber die Berechnungen, die auf dieser Basis durchgeführt wurden, doch an einem erheblichen Mangel an Verlässlichkeit, Konsistenz und Gehalt litten.

In der Tat konnte man die Ergebnisse des zweiten Stresstests für die Banken in Deutschland zu 99 Prozent mit einer einzigen Kennzahl erklären: dem bilanziell ausgewiesenen Eigenkapital in Prozent der risikogewichteten Aktiva. Es gab genau zwei Ausreißer in diesem Erklärungsmuster, und das waren beides Banken, die bereits in Abwicklung und im Staatseigentum waren, nämlich die West LB und die HRE.

Da fragt man sich schon, warum die Banken angehalten worden waren, unter Einsatz von Teams mit Dutzenden von Experten einen Berg von Daten zur Verfügung zu stellen, wenn ein Blick in die publizierte Bilanz mit einer einzigen Kennzahl das gleiche Ergebnis erzielt hätte und man hinterher feststellen musste, dass Problemfälle, die nur Monate später auftraten, von diesem »Stresstest« ohnehin nicht erkannt worden waren.

Das waren wohl eher Übungen der Selbstvergewisserung einer neuen Behörde, die den Drang verspürte, die Notwendigkeit ihrer Existenz unter Beweis zu stellen, und dabei nichts ausließ, um das Gegenteil zu beweisen. Vielleicht habe ich das Ganze auch falsch verstanden und das Wort Stresstest bezog sich auf die Ermittlung der Belastbarkeit von Mitarbeitern in den Controlling- und Risikomanagementabteilungen der beteiligten Banken, die in Sonderschichten dafür Daten klopfen mussten und auf diese Weise von Wichtigerem abgehalten wurden.

Zum Glück hatten die zeitgleich geschaffenen Behörden ESMA (European Securities and Markets Authority) und EIOPA (European Insurance and Occupational Pensions Authority) dank der selbst auferlegten Zurückhaltung deutlich mehr Fortune, obwohl die Minenfelder ihrer Zuständigkeitsbereiche nicht kleiner oder weniger explosiv gewesen waren.

Das wird klar, wenn man sich vor Augen hält, dass zum Beispiel die ESMA für die Beaufsichtigung der Ratingagenturen zuständig ist (ein völlig neues regulatorisches Feld), wo sie sich zum Teil mit nur begrenzt sinnvollen Vorgaben aus Brüssel herumschlagen muss, und dass die EIOPA die wenig dankbare Aufgabe hat, Solvency II für Versicherungsunternehmen umzusetzen und systemische Risiken von diesem Sektor möglichst fernzuhalten.

Diese beiden Behörden leisten vor allem deshalb bessere Arbeit, weil ihre Führung sich anscheinend ein Prinzip aus der Medizin zu eigen gemacht hat, nämlich: primum non nocere – zuerst mal keinen Schaden anrichten!

Als 2010/2011 im Zuge der Griechenlandkrise und der sich daraus entfaltenden Eurokrise etliche Banken erneut in Bedrängnis kamen, war man der Meinung, auf solche Überlegungen wie Kapitalknappheit der Kreditwirtschaft keine Rücksicht mehr nehmen zu müssen. Der ursprünglich auf sechs Jahre gestreckte Zeitplan für die Akkumulation von Kapital durch die Banken gemäß Basel III wurde in einer Nacht-und-Nebel-Aktion auf wenige Monate verkürzt.

Damit fehlten den europäischen Banken plötzlich weit über 100 Milliarden Euro Risikokapital.

Dabei hat man es aber nicht belassen. Aus Gründen, die mit der im nächsten Kapitel diskutierten Griechenlandkrise zusammenhängen, zwang man die Institute, alle ihre staatlichen Anleihen in den Büchern zu Marktpreisen zu bewerten. Ziel war es offenbar, Druck auf die Banken auszuüben, die vor dem Hintergrund der dadurch ausgelösten Buchverluste auf staatliche Hilfe angewiesen waren und sich so dem geforderten Schuldenschnitt nicht mehr entziehen konnten.

Das vernichtete nicht nur 100 Milliarden Euro an Bilanzkapital in Form abzuschreibender Griechenlandanleihen, sondern erzeugte noch einmal die gleiche Größenordnung an Buchverlusten bei italienischen, spanischen, portugiesischen und französischen Anleihen in den Bankbilanzen.

Wenn Sie das zusammenzählen, kommen Sie auf über 300 Milliarden Euro Kapitallücke. Und das entspricht einer Kreditvergabekapazität von fast 4000 Milliarden Euro. Anschließend fragte man sich dann, warum die europäische Wirtschaft keine Kredite mehr von den Banken bekommen hat, ein »credit crunch«, der wesentlich zur Verschlechterung der Konjunktur seit 2011 beigetragen und die Eurokrise massiv verschärft hat.

Sich angesichts dieser Fehlleistung hinzustellen und zu behaupten, die Maßnahmen, die da ergriffen worden sind, hätten das Bankensystem und die Kreditversorgung der Wirtschaft stabilisiert, kann nur jemandem einfallen, der bezüglich der Zusammenhänge von Kapitalverfügbarkeit, Kreditvergabekapazität und Risikotragfähigkeit der Banken von jeglicher Kenntnis unbelastet zur Arbeit und zu Bett geht.

Es gibt natürlich das Argument, dass der Rückgang des Kreditvolumens nicht durch die Schrumpfung des Angebots, sondern durch die Nachfrage erklärt werden könnte. Ja, das stimmt, aber nur für Deutschland. Es trifft für all die Länder, deren Wirtschaft ohnehin schon angegriffen war, nicht zu. Diese sind seither einem sich beschleunigenden Schrumpfungsprozess unterworfen.

Dieser regulatorische Amoklauf war der Nachbrenner, der aus der Austeritätspolitik in den südlichen Ländern der Eurozone überhaupt erst einen Killer der Konjunktur gemacht hat.

Die fehlgeleitete Intervention der EBA in Zusammenarbeit mit der Troika hatte zudem enorme Auswirkungen auf die Giralgeldschöpfung (auch Buchgeldschöpfung) und damit indirekt auf die Geldpolitik. Die Wechselwirkung von Bankenregulierung und Geldpolitik hätte klar sein müssen. Letztlich hat man der EBA damit ein geldpolitisches Mandat gegeben, das mit dem Kernauftrag der EZB frontal kollidierte und mit dazu beitrug, dass die EZB zu einer extrem lockeren Geldpolitik gezwungen wurde.

Welche fehlgeleitete Motivation vor allem der Marktbewertung von Staatsanleihen zugrunde gelegen haben könnte, wird deutlich, wenn man sich die Mechanik der »Rettung« Griechenlands ansieht, die wir im nächsten Kapitel über die Eurokrise näher beleuchten werden.

Die Boni

80 Millionen Euro. Das ist der Bonus, den eine der größten europäischen Banken einem ihrer Trader für ein Jahr zugeteilt hat, als Kompensation für den Gewinn, den er durch »Positionsnahme« in einem speziellen Segment des Geldmarktzinses für die Bank erwirtschaftete.

Ich weiß, was Sie jetzt denken. Na ja, vielleicht bilde ich es mir auch nur ein. Aber Sie, geschätzte Leser, dürften in zwei Lager zerfallen, deren relative Größe zueinander ich nicht einzuschätzen wage. Gruppe A stellt die Frage: Wie kann das sein? Kann ein einzelner Mitarbeiter denn so viel Wert überhaupt schaffen? Welche Risiken hat die Bank dafür getragen? Gruppe B fasst sich kürzer: Verdammt, ich habe den falschen Job. Wo kann ich mich anstellen für so etwas? Natürlich gönnen wir ihm das Geld nicht, aber selbst genommen hätten wir es sofort.

Sie haben beide meine ehrlich empfundene Sympathie, denn wenn wir ehrlich sind, würden wir alle gerne mal so einen Bonus nach Hause tragen. Leider entkräftet das nicht die Notwendigkeit, sich mit den Fragen von Gruppe A auseinanderzusetzen, und die Antworten auf diese Fragen sind überhaupt nicht bequem. Wie Sie gleich sehen werden, ziehen die Antworten auf diese Fragen weitere Fragen nach sich, die noch viel unschöner sind. Aber der Reihe nach.

Fangen wir an mit der Frage: Wofür gab es die 80 Millionen? Es war ein Anteil des Händlers an den Gewinnen, die er mit Wetten auf Rechnung der Bank auf die Entwicklung des LIBOR-Zinssatzes erwirtschaftet hatte. Erwirtschaftet. Kann man das so sagen? Der LIBOR ist ein Referenzzinssatz, an dem Millionen von Verträgen mit einem Nominalvolumen in der Größenordnung von buchstäblich Tausenden von Milliarden Euro hängen.

Das ist so etwas wie die Körpertemperatur der Weltwirtschaft am kurzen Finanzierungsende.

Der LIBOR-Skandal

Der LIBOR oder ausgeschrieben London Interbank Offered Rate ist überraschenderweise kein Marktzinssatz im eigentlichen Sinne. Er kommt nicht dadurch zustande, dass zwischen Teilnehmern eines

Marktes Transaktionen stattfinden, deren Preisbildung man dann beobachten, festhalten und veröffentlichen könnte.

Er ist vielmehr das Produkt einer täglichen Umfrage durch einen Club, die British Bankers Association.

What?!?!?!

Ja, sie haben richtig gelesen, die Körpertemperatur des Weltfinanzmarktes kommt dadurch zustande, das jemand einmal am Tag die immer gleichen Leute in ein paar Dutzend Banken anruft und sie schlicht fragt, was sie heute für kurzfristiges Geld von anderen Banken verlangen würden, egal ob der Angerufene dann auch tatsächlich bereit und in der Lage ist, das Geld für so eine Transaktion zur Verfügung zu stellen oder nicht.

Von den Antworten schneidet unser fleißiger Telefonmatador die ab, die weit genug weg vom Durchschnitt sind, und aus dem Rest bildet er einen Durchschnitt und – voilà! – da ist der heutige LIBOR angerichtet.

Also, wenn diese Herren (oder Damen, aber die waren glaube ich da in der Minderheit, wenn überhaupt vertreten) schlecht geschlafen haben, weil ein Tiefdruckgebiet über London wieder mal die Stimmung vermiest hat und sie deswegen irgendwie nicht in der Laune waren, sich die Arbeit zu machen, eine realistische Schätzung abzugeben, dann konnten sie genauso gut irgendeine Zahl zum Besten geben, das ging ebenso in die Findung dieses Zinssatzes ein wie die Angaben von jemandem, der wirklich gerade eine Transaktion zu bestimmten Konditionen abgeschlossen hatte.

Und auf so eine Zahl können Sie wetten.

Und diejenigen, die auf diese Zahl Wetten abgeschlossen haben, teilten das Büro mit denen, die ihre »Schätzung« in das Zustandekommen dieser Zahl eingespeist haben. Das ist ungefähr so, als würde die Lottofee die Zahlen von Hand ziehen, die sie vorher auch sehen und damit bestimmen kann. Gleichzeitig wäre ihr die Teilnahme am Lottospiel gestattet. Raten sie mal, was dabei herauskommt.

Da brauchte es dann eine Kommission von Menschen mit zusammen jahrzehntelanger Erfahrung in der Finanzindustrie, um nach Monaten der intensiven Beratung und Investigation festzustellen, dass »dieses System zur Manipulation eingeladen hat«.

Ja, und dieser Einladung sind dann auch ein paar Menschen im Handelsraum einiger Banken, die an der Umfrage beteiligt waren, gefolgt, weil es einfach eine Einladung war, die in der Welt des nicht ganz ehrbaren Handwerks äquivalent mit einer Aufforderung zum Gelddrucken gewesen ist.

Allerdings ist es ganz und gar unfair, wenn man jetzt den Beteiligten unterstellt, dass das gewissermaßen ein risikoloses Einkommen in einem auf Risikonahme abgestellten Geschäft gewesen sei. Richtig ist nur, dass kein Zinsrisiko bestand, denn wo der Zins hinläuft, war immer noch Sache der Beteiligten. Der spurte auf Kommando, sozusagen, zack zack!

Es gab natürlich dafür im Gegenzug das Risiko, erwischt zu werden. Ja und wahrlich, da sehen wir, dass es unfair ist, den Händlern zu unterstellen, sie würden gar kein Risiko tragen, oder?

Tja, und dann findet es tatsächlich jemand raus: Die Beteiligten werden erwischt, die betroffenen Banken zahlen Strafen in der Größenordnung von 500 Millionen Euro und mehr oder machen zumindest eine Rückstellung in dieser Höhe für die erwartete Strafzahlung; und es passieren zwei Dinge, die eigentlich den Aktionär, dessen Geld da gerade für Strafbefehle draufgeht, fragen lassen müssen, ob nicht irgendwo eine Wand verfügbar ist, wo er seinen Kopf dagegenschlagen kann.

Erstens: Die Bank, die von den 80 Millionen Bonus schon 40 Millionen ausgezahlt hat, weigert sich zwar, den Rest auszuzahlen, aber denkt überhaupt nicht daran, den bereits ausgezahlten Betrag zurückzufordern. Warum nicht? Hat da jemand Angst davor, der betreffende Händler könnte in dem dann unvermeidlichen Prozess unbequeme Wahrheiten darüber ausplaudern, mit wem in der Bank er sein Geschäftsmodell abgestimmt hat? Niemand weiß es.

Zweitens: Der zuständige Vorstand erklärt bzw. lässt erklären, dass er natürlich von den ungesetzlichen Machenschaften in dieser Sache überhaupt keine Ahnung hatte. Also, das muss man mal rekapitulieren und sich auf der Zunge zergehen lassen. Der Mann unterschreibt einen Scheck, der vielleicht den höchsten jährlichen Bonus begleicht, den diese Bank je einem einzelnen Händler ausgezahlt hat, und als der zuständige Vorstand interessiert er sich nicht für das Geschäftsmodell, das den Gewinn erwirtschaftet hat, das diesem Rekordbonus zugrunde liegt?

Das muss man nicht weiter kommentieren.

Unser geschundener Aktionär überlegt sich, wie viele Parktickets à 15 Euro er sich erlauben müsste, um auf 500 Millionen Euro zu kommen und wie lange der Papierstreifen wäre, wenn man die aneinander heftet. 5000 Kilometer. Und dafür haftet er als Aktionär, nicht der Vorstand und auch nicht der Händler, der wahrscheinlich mittlerweile auf einer 30-Meter-Jacht die karibische Sonne geniest.

Warum man das so auswalzen muss? Ganz einfach: Weil es ein besonders krasses Beispiel dafür ist, wie die verantwortungslose Haltung eines kleinen Teils der Finanzelite die Freiheit und ihre Grundlagen untergräbt. Denn diese Attitüde führt dazu, dass eine wütende Öffentlichkeit danach schreit, in die Vertragsfreiheit der Vergütung einzugreifen. Dabei wird dann nicht mehr unterschieden zwischen denen, die wirkliche Leistungsträger sind, und denen, die das System zu überlisten und zu missbrauchen versuchen.

Die meisten Vorschläge, die man dazu aus der Politik lesen kann, fragen nicht danach, wie es weiterhin möglich ist, Leistung angemessen zu vergüten und die richtigen Anreize zu setzen, sondern versuchen aus einer Position des Neides den Unternehmen und Individuen möglichst enge Fesseln anzulegen. Dass diese populistisch angehauchten Vorschläge heute eine Chance haben, verwirklicht zu werden, ist die direkte Folge solchen Verhaltens.

Allerdings ist das Versagen der »Finanzelite« keine Entschuldigung für das darauf folgende Versagen der »politischen Elite«. Sie steht in der Pflicht, die Risiken und Nebenwirkungen ihrer Medizin zu bedenken, bevor sie dem Patienten ihre Tabletten einflößt.

Dieses Verhalten unter der Flagge einer vermeintlichen Gerechtigkeitsdebatte hat in Wahrheit eine neue Neidkultur befördert. Die Kultur der Maßlosigkeit auf der einen Seite findet ihre Entsprechung in der Kultur der Gleichmacherei auf der anderen Seite. Dieses Gift durchzieht mittlerweile die gesamte politische Debatte auf allen Ebenen und in ganz Europa. Ob es die 75 Prozent Einkommensteuer in Frankreich sind, die Mediendebatte um Vorstandsgehälter in Deutschland oder die »Fat Cat«-Diskussion im Vereinigten Königreich: Man kann überall feststellen, wie der neidgetriebene Populismus die Debatte um Steuern, Eingriffe in die Vertragsfreiheit und Umverteilung beherrscht. Die Jakobiner sind los.

Vielleicht liegt das auch daran, dass die Politik ein kurzes Gedächtnis hat. Es war die Politik der Umverteilung und der neidgetriebenen Steuerpolitik der 1970er-Jahre (und in Großbritannien schon die 20 Jahre davor), die in vielen europäischen Ländern die Leistungsträger in die innere Emigration getrieben und damals zur »Eurosklerose« geführt hat.

Die heute oft geschmähte »neoliberale Revolution«, angeführt von der damaligen britischen Premierministerin Thatcher, war es, die diese Ketten sprengte. Eine der größten Errungenschaften der EU, nämlich der gemeinsame Markt, ist wesentlich auch ihr Verdienst. Das wird heute gerne vergessen, wenn man sich über ihre angeblich unsozialen Reformen ereifert, ohne die das Vereinigte Königreich heute wahrscheinlich so etwas wie Weißrussland in der Nordsee wäre.

Die Verbissenheit, mit der die damals in einem epochalen Ringen um Leistungsgerechtigkeit um ihre vermeintlich angestammten Pfründe und Privilegien gebrachten Rentiers einer sozialistischen Funktionärskaste heute am Grab dieser großen Frau nachzutreten versuchen, spricht Bände. Denen möchte ich sagen: Danke Maggie!!

Wenn das Pendel heute in die gegenteilige Richtung ausschlägt, sage ich voraus, dass wir in wenigen Jahren in einem neuen »Winter of Discontent« die Lektion von Leistung und Freiheit neu lernen müssen. Dann werden wir feststellen, dass es eine ziemliche Anstrengung ist, die Faulen, die sich an den Kühlschränken der Fleißigen und der wirklich Bedürftigen festgesaugt haben, von da wieder weg zu bekommen.

Diese politische Debatte kann aber nur dann zu einer ordnungspolitisch rationalen Basis zurückgeführt werden, wenn die Verantwortlichen in den Unternehmen, und vor allem in den Banken, erkennen, dass Freiheit nicht das Gleiche ist wie Selbstbedienung auf Kosten der Eigentümer, also der Aktionäre und – wenn das ausgeschöpft ist – auf Kosten einer auf Dauerrettung getrimmten Staatskasse zulasten der Steuerzahler.

Europäische Bankenaufsicht in der EZB

Eine europäische Bankenaufsicht in Form der EBA wurde bereits kurz nach Beginn der Finanzkrise als Teil des »Dreiklangs« aus ESMA, EBA und EIOPA ins Leben gerufen. Die bisher eher tragische Performance dieser überforderten Institution spiegelte sich wie oben beschrieben in einer Serie wenig professionell durchgeführter »Stresstests« für die europäischen Banken wieder, aus denen man anschließend auch noch unter Missachtung der makroökonomischen und geldpolitischen Folgen Handlungsweisen ableitete, die absehbar mehr Schaden anrichteten, als Nutzen zu stiften.

Im Zuge der Bankenkrise in Südeuropa, insbesondere in Spanien, erhöhte sich der Druck durch die Peripherieländer, es dem ESM als permanentem Staatenrettungsvehikel der Euroländer zu ermöglichen, Banken direkt zu retten, und zwar ohne den Umweg über die Staatskasse der Heimatländer dieser Institute.

Angesichts der grenzüberschreitenden Aktivitäten der Banken ist es sicher richtig, darüber nachzudenken, auch eine grenzüberschreitende Aufsicht zu etablieren. Sonst besteht die Gefahr, dass die Kreditinstitute ihre systemisch relevanten Risiken immer an den Ort der »größten Toleranz« auslagern, also eine Art regulatorische Länderarbitrage betreiben. Dann sammeln sich in diesem Land Risiken an, die im Zweifelsfall zu einer Überforderung führen und eine ESM-Rettungsaktion für dieses Land erfordern, bei dem dann alle diejenigen mitzahlen dürfen, bei denen die verursachenden Praktiken eigentlich unterbunden worden waren. Irland war dafür ein Paradebeispiel.

Es gibt eine lange Debatte darüber, ob die Bankenaufsicht in die Zentralbank integriert oder von ihr unabhängig sein soll. Klar ist, dass es bezüglich der betrieblichen Abläufe der Aufsicht Synergien gibt, wenn man »alles aus einer Hand« macht. Das ist jedoch für diese Debatte nicht der entscheidende Punkt. Vielmehr ist zu fragen, ob es Interessenkonflikte gibt, die für die eine oder andere Ausprägung sprechen.

Das Hauptargument für die Trennung der Funktionen wird vor allem von den Finanzministern, insbesondere dem deutschen, immer wieder betont. Geldpolitik müsse »unabhängig von der Politik sein« (als ob sie das noch wäre!) und Bankenaufsicht müsse im Gegensatz dazu demokratisch legitimiert und kontrolliert sein (muss sie das?).

Muss Bankenaufsicht nicht in erster Linie technokratisch und in einem klaren ordnungspolitischen Rahmen dafür sorgen, das systemische Risiko klein zu halten, damit nicht der Steuerzahler im Wege der direkten Bankenrettung und später der Sparer im Wege der Staatsschulden abbauenden Inflation für die Folgen aufkommt? Und muss nicht Bankenaufsicht immer auch mit Blick auf die gesamtwirtschaftlichen und geldpolitischen Folgen umgesetzt werden?

Wie wir gesehen haben, hat die Ignoranz bezüglich dieser Folgen die EBA zu Maßnahmen veranlasst, die massiv in den Geldkreislauf, die Giralgeldschöpfung und damit die geldpolitischen Zusammenhänge eingegriffen haben, und zwar zum Schaden von Europas Wirtschaft.

Es stellt sich noch aus einem anderen Grund die Frage, ob zwischen Geldpolitik und Aufsicht wirklich ein Interessenkonflikt besteht. Keine Institution hat nach den Erfahrungen der Bankenkrisen des 20. und 21. Jahrhunderts mehr Interesse an ihrer Vermeidung, als eine auf Geldwertstabilität gepolte Zentralbank. Sie hat ein Interesse, Schieflagen im Sektor zu vermeiden. Nicht aufgrund eines bürokratischen Auftrages, wie das bei einer Bankenaufsicht als Abteilung einer Behörde oder eines (Finanz-)Ministeriums der Fall ist, sondern zur Sicherung ihres Kernauftrages, zu dessen Zweck man sie eigentlich unabhängig gemacht hat. Denn Bankenrettung kollidiert mit dem Fokus auf Geldwertstabilität auch dann, wenn die Zentralbank mit der Aufsicht nicht befasst ist. Sie muss die Folgen ausbaden.

Dieses Spannungsfeld hat man in Deutschland und anderen Ländern der Eurozone bisher immer mit halb garen Kompromissen gelöst. Der Status quo zwischen Bundesbank und BaFin, der Bundesaufsicht für das Finanzwesen, ist eine Arbeitsteilung, von der keine Seite wirklich so ganz genau sagen kann, wo die Trennungslinien praktisch gezogen werden. Die Reibungslosigkeit der Zusammenarbeit wird auf diese Weise nicht institutionell verankert, sondern von der Fähigkeit der leitenden Personen abhängig gemacht, einen funktionierenden Modus zu finden. Kommt es dann zu Unfällen, sind gegenseitige Schuldzuweisungen aufgrund tatsächlicher oder vermeintlicher Versäumnisse fast unvermeidbar.

Seien wir ehrlich: Die Bankenaufsicht wird hierzulande vor allem deshalb so eng an das Finanzministerium gebunden, weil sie eine tolle Möglichkeit bietet, operativ interventionistisch in diesem Feld agieren zu können. Für einen Minister immer eine tolle Sache. Zum Glück hatte das BaFin über viele Jahre einen Präsidenten, dessen Kompetenz und Selbstbewusstsein dieses Problem einigermaßen unter Kontrolle hielt. Es ist zu hoffen, dass das auch so bleibt.

Sieht man sich an, welche Art der Umsetzung sich für die europäische Bankenaufsicht unter dem Dach der EZB abzeichnet, kann man dennoch nicht wirklich zufrieden sein. Was dabei herauskommt, ist wieder mal der Hybrid eines typisch politischen Kompromisses, der die Schnittstellen zwischen den Beteiligten dadurch maximiert, dass man einerseits die völlig heterogene Aufsichtslandschaft in den ein-

zelnen Ländern intakt lässt und andererseits eine zusätzliche Superbehörde mit ein- oder zweitausend Mitarbeitern etabliert.

Deren Hauptbetätigungsfeld wird voraussichtlich darin bestehen,
sich erstens mit sich selbst zu befassen und zweitens mit der Koordination mit den anderen beteiligten nationalen Behörden, die weiterhin ihr Eigenleben führen und dabei auch untereinander Koordina-
tionsaufwand betreiben dürfen. So nährt sich die Bürokratie aus der
Befassung mit sich selbst.

Was ist die Alternative? Hierzu ein Vorschlag, der vielleicht als Denk-
anstoß hilft, Schnittstellen, Koordinationserfordernis und damit
selbstbezogene Bürokratie nicht abzuschaffen, aber doch auf das notwendige Maß zu begrenzen. Der erste Schritt wäre, die nationalen
Aufsichten effizient und einheitlich zu gestalten, indem man sie in
die nationalen Notenbanken integriert, die Teil des Eurosystems sind.
Diese Einheiten sollten europaweit einheitliche Befugnisse und Aufgaben erhalten.

Damit hat man die Bankenaufsicht quasi schon automatisch an die
EZB angebunden, ohne eine neue Superbehörde zu schaffen. In einem zweiten Schritt etabliert man in der EZB eine zentrale Stelle mit vier Aufgaben: Koordination mit den nationalen Aufsichten,
Festlegung einheitlicher Standards und Methoden der Bankenaufsicht und direkte Kontrolle systemisch relevanter Banken (also die,
die immer too big to fail sind) sowie Kontrolle grenzüberschreitender
Aktivitäten.

Im Zuge ihrer Aufgabe als Standardgeber sollte diese Stelle auch allein die Verantwortung tragen für die Abstimmung internationaler
Aufsichtsstandards wie Basel II und III, oder Solvency II für die Versicherungswirtschaft. Dazu gehört auch eine Stelle, die an die volks-
wirtschaftliche Abteilung der EZB angebunden ist und in Koordina-

tion mit ihr sicherstellt, dass nicht einzelne Maßnahmen, wie zum Beispiel die Festlegung neuer Rechnungslegungsvorschriften bei der Bemessung des Eigenkapitals der Institute, unerwünschte geldpolitische oder makroökonomische Nebenwirkungen entfalten.

Ob eine Bank, die in Schwierigkeiten kommt, gerettet wird, sollte ebenfalls dort entschieden werden. Idealerweise definiert diese Stelle eine europaweite Insolvenzordnung für Banken, die in Zukunft jede einzelne Rettung überflüssig macht, weil keine Bank mehr systemisch relevant ist, also schlichtweg so organisiert ist, dass sie ohne Systemschaden abgewickelt werden kann. Stichwort Trennbankensystem.

Das ist politisch nicht durchsetzbar, sagen Sie? Das heißt dann im Umkehrschluss, dass es politisch durchsetzbar sein muss, den Steuerzahler und Sparer auch künftig mit Hunderten von Milliarden Euro an einer auch in zehn Jahren nicht endenden Rettungspolitik zu beteiligen. Herzlichen Glückwunsch.

Bankenrettung durch den ESM

Eine ESM-gesteuerte Bankenrettung ist im Lichte des oben Gesagten eine unsinnige Idee. Entweder werden Banken national beaufsichtigt, dann ist auch der Steuerzahler dieses Landes dafür zuständig, oder sie werden europaweit beaufsichtigt, dann muss diese neue Behörde dafür sorgen, dass es nicht mehr zu solchen Unfällen kommt. Wenn die Rettung seiner Banken ein Land in Schwierigkeiten bringt, dann ist der ESM für das Land zuständig, aber erst dann. Das ist ordnungspolitisch schon fragwürdig genug. Dass es gegen vertragliche Vereinbarungen aus der Zeit verstößt, als man mit der Stadt Maastricht noch positivere Assoziationen verband, ist ohnehin klar.

Europäischer Einlagensicherungsfonds

Da hat jemand aber ganz schlau überlegt, wie man Umverteilung nach dem Versicherungsprinzip so unauffällig wie möglich hinbekommt. Aber diese Herrschaften haben nicht mit S-man gerechnet. S-man, Herr aller Sparkassen und Girozentralen und der Erfinder des offenen Briefes als Mittel der Verbandspolitik. Dieser Brief an die Kanzlerin war damals in allen großen Tageszeitungen ganzseitig abgedruckt. Wie ein Stahlgewitter regnete diese Dicke Berta auf die in den Schützengräben der Nord-Süd-Umverteilung lauernden Politiker herab und machte klar: Bis hierher und nicht weiter.

Ja, wenn's denn so einfach wäre. Immerhin muss man ihm zugute halten, dass er es versucht hat.

Die Wahrheit ist nämlich, dass wir den europäischen Einlagensicherungsfonds de facto schon haben. Er greift nur im Zweifelsfall nicht in die Taschen der Sparer anderer Länder, sondern in die der Steuerzahler. Die Schnittmenge zwischen diesen beiden dürfte ziemlich groß sein, denn wer spart, ist meistens auch jemand, der für diese Sparleistung Geld verdient, also Steuern zahlt und dann vom kümmerlichen Rest einen Teil zurücklegt, um es später der Erbschaftssteuer zuführen zu können. Die Frage ist aber, ob das ordnungspolitisch sauber ist, wenn auf Dauer der Staat die Spareinlagen garantiert und damit die Banken von einem Teil ihrer Sicherungspflichten entbindet.

Nun kann man den Instituten in Deutschland, insbesondere denen unter Führung von S-man und solchen, die genossenschaftlich organisiert sind, nicht vorwerfen, sie hätten ihre Hausaufgaben mit den eigenen Sicherungswerken hier nicht gemacht. Beileibe nicht. Nein, sie haben sie sogar so gut gemacht, dass es genau dieses »nest egg« ist, welches die Begehrlichkeiten jenseits von Alpen und Pyrenäen geweckt hat. Die Erfahrung der letzten Jahre hat dabei gezeigt, dass solche Fleischtöpfe früher oder später in die Verfügungsmasse politischer Kompromisse wandern, und ich wage die Prognose, dass dann offene Briefe nur noch Papier gewordene Makulatur sind.

Außerdem muss man fairerweise bedenken, dass auch die nördlichen EU-Länder durch inneres Versagen oder äußere Umstände in nicht allzu ferner Zukunft auch einmal in Schwierigkeiten geraten könnten, die es fragwürdig erscheinen lassen, ob die Spareinlagen in diesen Ländern wirklich sicher sind. Wir sind ja zum Beispiel in Deutschland fleißig damit beschäftigt, durch eine teure Energiewende ohne durchdachtes Konzept und andere kostspielige ideologiebeladene Amokläufe, vom Frackingverbot bis zur abgewürgten Nutzung weiterer neuer Technologien, die Belastbarkeit der Wirtschaft zu testen. Auch hier wird mit der Angst Politik gemacht, statt mit Fakten.

Der Letzte, der das bewusst gemacht hat, hat als Kanzler den Abschied von der Vollbeschäftigung für Jahrzehnte eingeleitet. Das war so um 1970 und es veranlasste den damaligen Minister Karl Schiller, einen anerkannten Ökonomen, zum Rücktritt mit dem Satz: »Lasst die Tassen im Schrank!« Könnte also sein, dass wir auch mal Hilfe brauchen, wenn wir es anderen beim politikgetriebenen Verlust der Wettbewerbsfähigkeit gleich tun. Könnte interessant sein herauszufinden, ob das Konzept der Solidarität dann in den heutigen Nehmerländern noch en vogue sein wird.

Die Erfahrung lehrt, dass ein Versicherungspool umso sicherer ist, je größer er ist. Das ist ja gerade das Prinzip der Versicherung. Man fasst Risiken zusammen und glättet auf diese Weise ihren Schadensverlauf. So fassen Versicherungen die Risiken ihrer Kunden zusammen, und Rückversicherungen fassen in einem zweiten Schritt die Risiken der Versicherungen zusammen, und beide Industrien machen das seit über 150 Jahren privatwirtschaftlich sehr erfolgreich, nutzbringend und auf globaler Ebene.

Dieses Beispiel freier und innovativer Marktwirtschaft zeigt uns aber auch, wie es geht und wie es nicht geht. Wir können uns mit hundertprozentiger Sicherheit darauf verlassen, dass ein europäisches Sicherungssystem unter Verwaltung der Bürokratie keinen erfolgreichen Risikoausgleich im Sinne des Versicherungsprinzips schaffen wird. Stattdessen wird ein verstecktes Transfersystem etabliert werden, bei dem die Umsichtigen die Leichtsinnigen subventionieren werden.

Die politischen Diskussionen, die dazu führen werden, kann man jetzt schon voraussehen. Da wird dann von Beitragsgerechtigkeit und Bemessung der Beiträge zum Sicherungssystem nach Leistungsfähigkeit gezwitschert werden. Dann kommt die Forderung nach Solidarität, und wenn das nicht ausreicht, werden Krisenkosten für alle Beteiligten an die Wand gemalt. Alles schon gesehen, alles schon gehabt, alles schon erduldet.

Ganz allgemein ist es übrigens ein verlässlicher Rat, seinen Geldbeutel besser festzuhalten, wenn irgendjemand im Umkreis von zwei Lichtjahren das Wort Gerechtigkeit zu oft, zu eindringlich und vor allem in Verbindung mit anderen Redeversatzstücken wie Solidarität, Gemeinwohl und Verantwortung für das Ganze im Munde führt. Das sind alles wichtige Dinge, keine Frage. Sie werden nur ein wenig zu häufig für ideologische Zwecke gekidnappt.

Besser ist es, wenn man ein sauberes marktwirtschaftliches Konzept einer europäischen Einlagensicherung als Alternative vorrätig hat, mit dem man solche Begierden beizeiten konstruktiv kontern kann. Und frei nach Erich Honeckers Lieblingsspruch »von der Sowjetunion lernen, heißt siegen lernen« folgen wir hier dem Gedanken: Von der marktwirtschaftlich organisierten Versicherungswirtschaft lernen, heißt siegen lernen.

Das Prinzip der Einlagenversicherung ist relativ simpel. Die erste »Verteidigungslinie« der Einlagensicherheit ist immer die Bank, bei der die Einlagen von den Sparern angelegt sind. Sie muss durch kluge Risikopolitik, Transparenz und das Vorhalten von angemessenen Risikopuffern in Form von Eigenkapital sicherstellen, dass sie möglichst immer in der Lage ist, das geliehene Geld an die Sparer zurückzuerstatten.

Erst wenn diese Barriere versagt, kommt ein anderer Zahler infrage. Nehmen wir nun an, wir haben eine Gruppe von zehn Banken in einem Land, die sich zusammenschließen und den Sparern aller dieser Banken wechselseitig ihre Spareinlagen garantieren, so führt dies dazu, dass die Spareinlagen sicher sind, solange nicht alle Banken unabhängig voneinander oder infolge der überwälzten Garantien insolvent werden. Um diese Garantie operational zu machen, gibt es zwei unterschiedliche Wege.

Weg Nr. 1 ist die simple wechselseitige Garantie. Die Spareinlagen sind dann so sicher wie eine gedachte fusionierte Bank, die aus allen Beteiligten besteht.

Diese Vorgehensweise führt, wie unschwer zu erkennen ist, dazu, dass die Sparer, die ihre Groschen bei schwachen Banken angelegt haben, genauso sicher sind wie die Sparer, die das bei sehr sicheren Instituten tun. Es findet also offenbar eine Umverteilung statt. Die Nivellierung des Sicherheitsniveaus wird im Markt zu einer Anpassung der Sparzinsen führen, weil es keinen Grund mehr für die Sparer gibt, von einer der beteiligten Banken eine höhere Risikoprämie als Teil des Zinses zu verlangen als von den anderen. Ergebnis: Die starken Banken subventionieren die schwachen.

Um dies zu vermeiden oder wenigstens zu reduzieren, gibt es Weg Nr. 2. Man kann einen gemeinsamen Pool einrichten, also so etwas wie eine Versicherung auf Gegenseitigkeit, die über eigene angesparte Mittel verfügt, mit denen sie im Schadensfall, also bei Pleite einer der beteiligten Banken, einspringt. Es ist klar, dass dieser Pool eine gewisse Mindestgröße braucht, damit er im Fall der Fälle nicht ebenso wie die untergehende Bank den Weg alles Irdischen geht. Die beteiligten Banken zahlen eine Versicherungsprämie in diesen gemeinsamen Topf, den sogenannten Sicherungsfonds, ein.

Ob dieses Konstrukt zu einer Umverteilung führt oder die Lasten und Vorteile gerecht zuteilt, hängt davon ab, ob die Versicherungsprämie risikoadjustiert erfolgt oder nicht. Was bedeutet das? Ganz einfach: Es gibt zwei Haupttreiber des Risikos für dieses Produkt. Da ist zum einen die versicherte Summe an Spareinlagen, deren Existenz geschützt werden soll, und zum anderen das Risiko, ausgedrückt in einer Ausfallwahrscheinlichkeit der Bank. Je höher die Spareinlagen und je schlechter die Bonität der Bank, umso höher der Versicherungsbeitrag, den die Bank bezahlen muss.

Ähnlich wie beim System von Versicherung und Rückversicherung gibt es darüber hinaus die Möglichkeit, einen Sicherungsfonds der Sicherungsfonds zu schaffen. Also eine Art Superfonds, der dann einspringt, wenn ein einzelner Sicherungsfonds, der von einer Gruppe von Banken in einem Land oder einem Sektor betrieben wird, durch einen Großschaden an seine Grenzen stößt.

Die Sache mit der Transparenz

Will man den Versicherungsbeitrag am Risiko orientieren, dann gibt es einen kalkulatorischen Weg und einen marktbasierten Weg, dies zu tun. Der kalkulatorische Weg erfordert in erster Linie die Berechnung der Ausfallwahrscheinlichkeit einer Bank, also ihr Rating. Wir haben bereits im ersten Kapitel gesehen, was wir von einem Rating halten können, wenn die Transparenz der ihm zugrunde liegenden

Daten so ist, wie sie ist. Die Banken waren und sind zu großen Teilen nicht bereit, die hierfür erforderliche öffentliche Transparenz herzustellen, jedenfalls nicht in ihrer überwiegenden Mehrheit.

Dafür müssen alle möglichen Ausreden und Erklärungen herhalten. Insbesondere Betriebs- und Geschäftsgeheimnisse bezüglich der »Strategie« einer Bank und dergleichen anderer Humbug. Die Wahrheit ist viel trivialer. Viele Banken sind nicht einmal in der Lage, intern angemessene Risikotransparenz für ihren Vorstand herzustellen. Dann geht das extern natürlich noch viel weniger. Dass das nicht zugegeben wird, versteht sich von selbst.

Also wird einfach so getan, als könnte man das nicht offenlegen, weil sonst die böse Konkurrenz einen angeblich bei lebendigem Leibe auffrisst. Aber einige Banken tun das ja, sie schaffen Transparenz und reden auch ganz offen über die Ergebnisse. Das sind interessanterweise die Banken, die im Wettbewerb besonders erfolgreich sind und die ihre Risiken überdurchschnittlich gut im Griff haben. Lassen Sie sich also beim Thema Transparenz und warum man sie gerne vermeiden möchte, keinen Bären aufbinden.

Also ist Transparenz der entscheidende Punkt, wenn man eine kalkulatorische Basis für die angemessenen Versicherungsbeiträge eines Institutes in einem Einlagensicherungsfonds berechnen will. Ohne das bleibt Weg Nr. 2. Dieser beinhaltet die Etablierung mehrerer europaweiter Einlagensicherungssysteme, die untereinander im Wettbewerb stehen. Jede Bank muss sich für eines der angebotenen Sicherungssysteme entscheiden. Die Systeme müssen ihre Kalkulationsgrundlagen veröffentlichen und dabei den Grundsätzen der aktuarischen (versicherungsmathematischen) Wissenschaft folgen. Damit bestünde ein Wettbewerb, bei dem der Preis, aber auch die Sicherheit entscheidend sind.

Die Sicherungswerke hätten in gewisser Weise die Rolle von Rückversicherungen in diesem Markt. Rückversicherungen müssen sehr genau darauf achten, dass sie ihre Prämien risikoadjustiert kalkulieren, sonst verlieren sie sehr schnell ihre Glaubwürdigkeit und damit ihr eigenes Rating, welches für das Überleben in diesem Markt entscheidend ist.

In dieser Welt werden es die privatwirtschaftlich organisierten Sicherungswerke sein, die im Wettbewerb den Banken Daumenschrauben anlegen, damit endlich Risikotransparenz geschaffen wird.

Wenn man das so macht, verhindert man nicht nur die Ausplünderung der gut dotierten Sicherungswerke, sondern schafft darüber hinaus Anreize für alle anderen Banken, es gleichzutun.

Dann wird es eine Gemeinschaft der Starken.

Es gibt einen Begriff im Altgriechischen, der zu diesem Thema passt. Das schöne Wort heißt »Kairos«. Es bezeichnet im Altgriechischen ursprünglich den Moment, in dem eine Frucht zur Ernte reif ist, und im späteren Kontext sodann das philosophische Konzept des günstigen Moments, um eine Handlung zu vollziehen. Im Verkaufsgespräch würde man sagen »die Gelegenheit kommt nie wieder«.

Der Kairos für eine konstruktive Debatte dieses Themas ist vor ein paar Monaten an uns vorbeigelaufen, und ob ein neuer kommt, steht dahin. Es war ein günstiger Moment, den Begehrlichkeiten beim Ausstrecken ihrer auf Umverteilung gepolten Saugtentakel ein glaubwürdiges marktwirtschaftliches Konzept entgegenzustellen, das für alle von Vorteil sein kann, und dabei die Vorsichtigen vor den Leichtsinnigen schützt. Damit hätten die, die jetzt schon eine kleinere Gemeinschaft der Starken bilden, die Richtung der Diskussion bestimmt.

Für so etwas braucht man natürlich die ordnungspolitisch-intellektu-
elle Lufthoheit. Das ist zugegebenermaßen anspruchsvoller, als einfach nur nein zu sagen.

Sic transit gloria mundi, so vergeht der Ruhm der Welt.

Kapitel 3
Die Eurokrise

*»Der sicherste Weg, das kapitalistische System zu zerstören, ist es,
seine Währung zu ruinieren.«*
Wladimir Iljitsch Uljanov, genannt Lenin

Die kurzatmige und weitgehend prinzipienfreie Handhabung der
Eurokrise durch die politischen Entscheidungsträger des Euroraums
ist ein Paradebeispiel dafür, wie eine böse Tat die nächste gebiert.
Man kann die Geschichte dieser Krise von ihren Anfängen über die
verborgene Entfaltung von Problemen bis zur explosionsartigen Entladung in einer Reihe von Staatsschuldenkrisen und »Rettungsakti-
onen« in einer durchgängigen Ursache-Wirkungs-Kette beschreiben.
Dabei hat jede Abweichung von marktwirtschaftlichen und ordnungspolitischen Prinzipien die nächste, stärkere Zuspitzung des
Problems direkt verursacht.

Betrachtet man die Geschichte des Geldes im Nachkriegseuropa,
kann man zwei unterschiedliche Traditionen identifizieren, die ich
zunächst völlig wertfrei nebeneinanderstellen möchte. Beide Traditionen haben ihre Berechtigung und Verwurzelung in den jewei-
ligen politischen, sozialen und ökonomischen Traditionen und Erfahrungen der Länder, in denen sie zur Anwendung gekommen
sind.

Das »italienische« und das »deutsche« Modell

Modell A kann man prototypisch in Italien vorfinden. Es zeichnet sich dadurch aus, dass eine lockere Geldpolitik über die mit ihr verbundene Inflation all die Friktionen ausgleicht, die von den politischen und ökonomischen Akteuren sonst nicht reibungsfrei bewältigt werden können, zum Beispiel in der Tarifpolitik. Wenn Gewerkschaften 10 Prozent Lohnsteigerung brauchen, um ihre Existenz zu rechtfertigen, und das Land sonst in einer Streikwelle untergeht, so ist das auch eine solche Friktion. Eine andere liegt in der Korruption. Eine Dritte in der Tatsache, dass Sonder- und Partikularinteressen an der Staatskasse hängen, wie junge Hunde an der Zitze ihrer Mutter. Aber damit sind die Südländer doch nicht alleine, oder?

Die Unfähigkeit der politischen und wirtschaftlichen Führungsschicht, diese Interessen einer direkten Balance zuzuführen (oder die Korruption angemessen zu bekämpfen, weil man selbst bis zur Halskrause in ihr drinsteckt), sucht sich dann ein Ventil, das den Ausgleich mit der Realität auf andere Weise wiederherstellt, und das ist nun mal die Geldentwertung. Es ist beachtlich, dass ein Land wie Italien über viele Jahrzehnte in der Lage war, aus dieser Gemengelage, die man in Nordeuropa, insbesondere in Deutschland für doch hoch problematisch hält, ein erstaunliches Wirtschaftswachstum und eine innovative Industrie hervorzubringen. Trotz Inflation hat sich über den von der Kaufkraftparität angetriebenen Wechselkurs die Wettbewerbsfähigkeit immer wieder eingestellt.

Das zeigt uns, dass es mehr als ein Modell gibt, eine Volkswirtschaft zu entwickeln. Dass es mit dem gleich im nächsten Absatz beschriebenen Modell B nach meiner Überzeugung noch besser geht, ändert nichts daran, dass man darüber nachdenken kann, unter den sozioökonomischen Bedingungen, die man eben anderswo vorfindet, genau dieses Modell A zu wählen.

Modell B dürfen wir mit Fug und Recht als das »deutsche Modell« bezeichnen. Es wäre aber genau so angemessen, es als niederländisches Modell oder norwegisches oder österreichisches Modell zu bezeichnen. Den Deutschen ist es aber aufgrund historischer Erfahrung besonders lieb und teuer. Im wahrsten Sinne des Wortes: Es nährt sich aus dem Trauma zweier Hyperinflationen, die im 20. Jahrhundert zweimal zu einer Komplettenteignung der Sparer in Deutschland geführt haben. Einmal 1923, als in einer Spätfolge des 1. Weltkriegs und der Verträge von Versailles die monetäre Ordnung der jungen Weimarer Republik vollkommen zerrüttet wurde. Da es mangels Verfügbarkeit des Edelmetalls in der Reichsbank nicht möglich war, zu einem Goldstandard wie vor 1914 zurückzukehren, führte Deutschland damals die »Rentenmark« ein, deren Deckung im Grund und Boden des Landes bestand, um die Inflation zu beenden. Eine ziemlich clevere Innovation.

Ein zweites Mal passierte dies 1948, wieder als Folge eines Krieges, der die finanziellen Ressourcen des Landes völlig ausgezehrt hatte. In Verbund mit der galoppierenden Geldentwertung erlebten die Deutschen Lebensmittelmarken und einen furchtbaren Hungerwinter. So etwas prägt.

Europäische Integration als Motor des Wohlstands

Es wird allenthalben behauptet, dass die deutsche Wiedervereinigung 1990 und die damit bei den europäischen Nachbarn verbundene Angst vor einem zu starken und mächtigen Land in ihrer Mitte zu der Forderung geführt habe, gewissermaßen als Gegenleistung für die Zustimmung zur Vereinigung, die D-Mark abzuschaffen und sie in einer europäischen Währung aufgehen zu lassen.

Das außenpolitische Konzept der Regierung Kohl war zudem immer davon geprägt, ein vereintes Deutschland als Teil eines vereinten Europas in Harmonie mit seinen Nachbarn anzustreben, was die Aufgeschlossenheit gegenüber einem so symbolischen Projekt wie dem Euro sicher förderte. Das war auch gut so.

Ich möchte an dieser Stelle ausdrücklich betonen, dass diese Sicht der Einbindung und Integration für Deutschland und seine Nachbarn mit Sicherheit die größten Wohlstandseffekte hatte, und bei aller denkbaren Kritik am Status quo der Währungspolitik sollte man nicht vergessen, welche enorme Dividende in Form von Frieden und Handel die europäische Einigung allen Beteiligten gebracht hat. Das gilt es zu verteidigen.

Wenn man es erfolgreich verteidigen will, dann ist es aber besser, man tut das ohne die ökonomischen Scheuklappen einer denkfeindlichen Political Correctness. Deshalb werde ich es in diesem Kapitel nicht bei Kritik belassen, sondern konkrete Vorschläge machen, welche Optionen sich im Rahmen des oben beschriebenen Spannungsfeldes unterschiedlicher, historisch bedingter, Stabilitätskulturen anbieten. Das Ergebnis könnte durchaus überraschen.

Es gab aus Sicht der Länder, die einer laxeren Stabilitätskultur folgten, noch einen sehr wesentlichen weiteren Grund, die Währungsunion anzustreben. Dieser liegt in dem Wechselkursmechanismus und den aus ihm resultierenden Terms of Trade begründet. Es ist leicht nachvollziehbar, dass ein auf Dauer angelegter Unterschied der Stabilitätskultur auch zu einem unterschiedlichen langfristigen Niveau der Inflationsrate führt. Die höhere Inflationsrate eines Landes führt dann über den Wechselkursmechanismus zu einem Abwertungstrend, der dem Prinzip der Kaufkraftparität folgt. Auf diese Weise folgt der Außenwert einer Währung ihrem Innenwert. Dieser Mechanismus ist per se noch kein Problem.

Nun ist es aber so, dass die Währungsmärkte eine Währung mit einer höheren Inflationsrate auch in ihrem Außenwert als mit höheren Risiken behaftet ansehen. Das ist empirisch beobachtbar und auch ökonomisch zwingend, da höhere Geldentwertung auch immer eine höhere Volatilität der Inflation selbst und daraus resultierend auch der nominalen Zinsen mit sich bringt.

Diese Faktoren führen auch zu einem erhöhten Risiko im Außenwert dieser Währung, die dann von den Märkten mit einem entsprechenden Risikoabschlag versehen wird. Die Währung ist daher meistens einige Prozent niedriger bewertet im Vergleich mit Hartwährungen, als dies bei einer strengen absoluten Kaufkraftparität der Fall wäre. Das verbilligt die Exporte (was vielleicht zum italienischen Wirtschaftswachstum beigetragen hat) und verteuert die Importe. Die Kaufkraft der eigenen Währung im Ausland ist aber geringer. Man spricht in diesem Zusammenhang von »schlechteren Terms of Trade«.

Diese schlechteren Terms of Trade sind gewissermaßen der Preis für das Versagen einer strukturellen Stabilitätspolitik, bei der alle Akteure einer Volkswirtschaft im Rahmen der wirtschaftlichen Realitäten agieren.

Daher war die Kaufkraft der D-Mark in Italien immer höher als in Deutschland, was es für Millionen von Urlaubern attraktiv gemacht hat, dort die Sommerferien zu verbringen. Es gehörte damals zum mehr oder minder offen ausgesprochenen Stolz der Nordeuropäer, dass ihr Geld »mehr wert« sei als das der Südländer. Dieser Effekt hat auch einen gewissen Wohlstandtransfer von Süd nach Nord bewirkt. Ihn in einer gemeinsamen Währung abzuschaffen war daher ein logisches Interesse der »Weichwährungskandidaten«.

Im Spannungsfeld unterschiedlicher Stabilitätskulturen

Die grundlegenden Mechanismen der unterschiedlichen Stabilitätskulturen waren den Verhandlungspartnern bei der Gründung des Euro völlig klar. Sie wussten, dass sie sich entscheiden mussten zwischen Modell A und Modell B, weil es unmöglich ist, innerhalb eines Währungsraums zwei unterschiedliche Modelle zu fahren. Denn entweder akkommodiert die Geldpolitik die Unfähigkeit politischer und wirtschaftlicher Akteure, die partikularen Interessen unter Kontrolle zu halten und die Löhne an der Produktivitätssteigerung zu orientieren, oder sie tut es eben nicht. Der Wechselkurs jedenfalls fällt als ausgleichender Mechanismus aus, was ja auch gewollt war.

Was heißt das konkret?

Es bedeutet, dass die Währungsgemeinschaft entweder dazu führen muss, die nordeuropäische Stabilitätskultur in ganz Europa durchzusetzen, oder aber alternativ, dass sich alle an der lockereren südeuropäischen Variante orientieren.

Passiert weder das eine noch das andere, führt der Wegfall der Abwertung für die Südländer zu einer steten Verschlechterung ihrer Wettbewerbsfähigkeit innerhalb des Währungsraums. Die resultierenden Handelsbilanzdefizite untergraben das Wirtschaftswachstum und damit die Steuerkraft der Staaten und führen so zwingend zu steigenden Haushaltsdefiziten. Diese münden dann entweder in der Staatspleite oder in der Rettung durch die Überschüsse ansammelnden Volkswirtschaften des Nordens, also in Transferzahlungen von Nord nach Süd. An dieser Mechanik führt keine noch so gestriegelte politische Sprachregelung vorbei.

Die Eurokrise ist in ihrem Kern eine Entladung aufgestauter Ungleichgewichte in der Wettbewerbsfähigkeit und daraus resultierend in der Handelsbilanz. Derzeit ersetzen daher als Kredite getarnte Transferzahlungen die Ventilfunktion der Wechselkurse.

Die europäische Politik ist deshalb nunmehr zu der Überzeugung gekommen, dass man einen neuen Anlauf braucht, die Stabilitätskulturen aneinander anzugleichen. Und weil man sich darüber klar ist, dass die einen die anderen nicht auf Dauer mit ihren Ersparnissen subventionieren wollen, wird der erneute Versuch gestartet, dem Süden die eigene Stabilitätskultur aufzuzwingen, und zwar im Wege eines ungemein schmerzhaften Austeritätsprogramms. Wenn die unter den Folgen dieses Programms leidende Bevölkerung dann dort auf die Straße geht, so sind wir Zeugen des Kampfes um die Frage, welche Stabilitätskultur sich im Euro-Währungsraum auf Dauer durchsetzt.

Einer muss sich anpassen. Wer sich anpasst, darüber gibt es ein Tauziehen seit Beginn der Verhandlungen um die Ausgestaltung der Währungsunion. Und dieses Tauziehen hat nie aufgehört.

Die Kombattanten verfolgten dabei unterschiedliche Strategien, die ebenso in ihren eigenen Mentalitäten verwurzelt waren. Die Deutschen mit ihrem Glauben an geschriebene Regeln und Gesetze versuchten es mit dem Vertragstext. Sie erinnern sich bestimmt an die preußische Dienstvorschrift zur Haltung des Kehrbesens aus Kapitel 2.

Die Deutschen waren der Meinung, dass man das alles nur minutiös genug festlegen müsse, dann wisse auch der letzte Mittelmeer-Anrainer, in welchem Winkel er seinen Besen beim Reinemachen vor der fiskalischen Türe zu halten hat, um ein echter Preuße zu werden. Neuerdings soll es ja sogar Italiener geben, die sich in Frankfurt der

Presse schon mal mit einer Pickelhaube gezeigt haben. Heraus kam der Stabilitätspakt, eine Wortschöpfung deutscher Gründlichkeit, die klingt wie Stahlpakt, aber in Wahrheit ebenso wie dieser unter die Kategorie »Schoten aus dem Leben von Hein Blöd« fällt. Über diese naive Vorstellung hat man in Rom, Paris und Athen zu Recht herzlich gelacht – und unterschrieben.

Die Macht des Faktischen

Die Länder des Mittelmeerraums, die schon aufgrund ihrer bis in die Antike zurückreichenden Geschichte mit sehr viel mehr Erfahrung bezüglich der Mindesthaltbarkeit von Verträgen gesegnet sind, wählten eine andere Strategie, nämlich die der Macht des Faktischen, die Klippe der Realität, an der schon so manche Titanic der Juristerei zerschellt ist. Und da kann man, egal ob Deutscher oder Lateineuropäer, wohl kaum widersprechen, wenn ich hier feststelle, dass diese Rechnung besser aufgegangen ist als das am legalistischen deutschen Konzept ausgerichtete Papier des Maastricht-Vertrages.

Und jetzt unternimmt Deutschland in seiner unwillkommenen Rolle als Einpeitscher den zweiten Versuch. Seine nördlichen Nachbarn schauen sich das hinter einem Elchgeweih hervorlugend an und hoffen, dass das gut geht. Und sie sind froh, dass sie klein sind und daher nicht die öffentlichen Prügel auf Basis von Vergleichen mit der jüngeren Vergangenheit beziehen, als man in Berlin schon mal den Zuchtmeister gemimt hat und der Meinung war, am »deutschen Wesen solle die Welt genesen«.

Während ich dies schreibe, kommt die Nachricht von Eurostat (der Statistikbehörde der Europäischen Kommission) herein, dass die Verschuldung im Euroraum 2012 wieder schneller gewachsen ist als geplant und dass Griechenland mit einem Defizit von 10 Prozent des Bruttosozialproduktes (BSP) seine Zielmarke von 6,6 Prozent erneut deutlich gerissen hat. Das ist keine Überraschung, denn für ein Entkommen aus dem schwarzen Loch, das kreiert wird durch die Kombination von Schuldenfalle und fixem Wechselkurs, gibt es keinen mathematischen Lösungsraum. Machen Sie also bitte nicht den griechischen Finanzminister dafür verantwortlich, sondern schauen sie lieber nach Berlin oder Brüssel.

Abstrahiert man von all den makroökonomischen Theorien und Schubstangeneffekten, dann kann man dieses ganze Bemühen auf eine sehr einfache Aussage reduzieren. Was hier passiert, ist nichts anderes als der Versuch eines gigantischen Social-Engineering-Projektes.

Wir versuchen, historisch gewachsene Einstellungen und Attitüden ganzer Völker zu verändern, und die Deutschen bilden sich auch noch ein, sie täten das aus einer Position der Stärke. Die Erfahrung zeigt, dass man das mit Reden und noch so viel Propaganda nicht schaffen kann, sondern dass sich diese Charaktereigenschaften der Völker eben aus den eigenen geschichtlichen Erfahrungen speisen, meistens solche mit traumatischem Charakter, wie Hyperinflation, Hunger, Massenarbeitslosigkeit oder Krieg. So wie die Sehnsucht der Chinesen nach Stabilität und Sicherheit aus den zahlreichen Traumata seit den Opiumkriegen resultiert, so ist die politische und ökonomische Geschichte Europas die Mutter dieser abweichenden Kulturen.

Mehr oder weniger Freiheit?

Um das zu ändern, bräuchte es wahrscheinlich ein neues Trauma. Für die Mehrheit der Bürger in einigen Ländern ist es das bereits.

Wollen wir das? Dürfen wir das? Und ist die Austeritätspolitik das einzige Mittel zur Erreichung eines solchen Ziels oder gibt es noch andere Optionen?

Der letzte große Versuch des Social Engineering war der Kommunismus in der Sowjetunion und den besetzten Ländern Osteuropas. Man wollte einen neuen Menschen formen. Man wollte seine Mentalität ändern. Das ist einigermaßen gründlich misslungen.

Ich bin kein Freund des Social Engineering, denn es ist ein zutiefst freiheitsfeindliches Konzept, das seine intellektuellen Wurzeln nicht im Rationalen, sondern im Ideologischen findet. Die Kernfrage ist deshalb: Können wir die Stabilitätskultur verbessern, indem wir den Menschen nicht weniger, sondern mehr Freiheit geben? Indem wir nicht ihre Wirtschaft durch eine Austeritätspolitik zerstören, die so, wie sie konstruiert ist, erfahrungsgemäß nur in einem System flexibler Wechselkurse überhaupt erfolgreich sein kann?

Ja, das ist möglich. Aber es wird nicht gehen, indem alle auf Kommando am Mittelmeerstrand Stechschritt üben und Sauerkrautpartys feiern. Es geht nur, wenn wir die unterschiedlichen historischen Erfahrungen endlich als gleichberechtigt akzeptieren und die entscheidende Frage stellen: Wie entfesseln wir die Kraft der Freiheit?

Aber der Reihe nach. Sehen wir uns zunächst an, wie sich die Dinge seit Einführung des Euro Schritt für Schritt entwickelt haben.

Der »Sündenfall«

Eigentlich waren es zwei Sündenfälle. Aber sie gingen dank der beteiligten Akteure so eng Hand in Hand, dass man eigentlich von einem Vorgang sprechen kann. Gemeint sind die Verletzung des

Maastricht-Vertrages durch Deutschland und der fast gleichzeitige Beitritt Griechenlands zum Euro-Währungsraum.

Deutschland hatte – 2001 zum ersten Mal – die Latte gerissen. Zwar tat es dies nur mit einem Defizit von 3,1 Prozent, also 0,1 Prozent über dem Limit, aber immerhin. Das steigerte man in den Folgejahren auf 3,8 Prozent, 4,2 Prozent und 3,8 Prozent, und erst 2006 wurden die Regeln erstmalig wieder eingehalten. Und wie das so ist, wenn der Musterschüler (den in der Klasse eh keiner so richtig leiden kann, weil er sich immer bei den Lehrern einschleimt) mal versagt, passierte zweierlei. Erstens Schadenfreude und zweitens Freibier, pardon, Freibrief für alle anderen.

Wie liebe ich doch diesen Satz: »Papa, in der Mathearbeit habe ich eine 4 minus, aber – ehrlich – alle anderen sind noch viel schlechter. Unser Mathelehrer ist ja soooo fies!« Der einzige Vorteil an dieser Situation ist, dass das Budget beim Frustkauf auf der Edelmeile dann wenigstens einmal halbwegs eingehalten wird.

Ja, und so war das auch mit Deutschland und seiner Rolle als Klassenbester. Griechenland stand vor der Tür und hatte den Beitritt beantragt. Die Zahlen waren sogar noch nach dem Friseurbesuch weit außerhalb der vertraglich fixierten Grenzen, aber das interessierte niemanden, denn Deutschland hatte sich als Torwächter gerade selbst disqualifiziert. Und wenn doch jemand darauf hinwies, wurde das mit dem geringen Anteil des BSP am europäischen Kuchen abgetan. 2 Prozent: Was bitte soll denn da schon schiefgehen? Das waren noch Zeiten. Heute wird eine Insel mit 0,2 Prozent Anteil an Europas Wirtschaftskraft schon als »systemisch« eingestuft.

In den sechs Jahren nach seinem Beitritt zur Währungsunion hat sich das griechische Defizit dann zwischen 4,5 und 7,5 Prozent des BSP eingependelt. Bei einer Inflationsrate von ca. 2 Prozent führt das quasi automatisch zu einem wachsenden Schuldenberg, der immer schwieriger zu bedienen ist. Der Rest ist Geschichte.

In den folgenden zwei Jahren schraubte sich das Land dann mit weiter wachsenden Schulden und ungebremsten Ausgaben immer tiefer in den Schuldensumpf. Es lohnt sich, an dieser Stelle ein klein wenig Ursachenforschung zu betreiben, warum die Staatsausgaben so hoch und die Steuereinnahmen so schwachbrüstig waren. Und da sehen wir, es gibt dafür historische Gründe. Sie liegen in der Diskrepanz dessen, was man vom Staat erwartet und welche Rolle man ihm zugleich zuzubilligen bereit ist. Was ist damit gemeint?

Die Erwartungen an den Staat und seine Heil bringenden Leistungen sind in Griechenland hoch. Es gibt eine allgemeine Attitüde, dass man gegen den Staat quasi einen Menschenrechtsanspruch auf Schutz vor allem Unbill des Lebens hat. Na ja, mit dieser Einstellung sind die Griechen wohl auch nicht alleine.

Der Staat ist allgegenwärtig, was sich schon darin ausdrückt, dass er über riesige Vermögenswerte in Form von Beteiligungen und vor allem Immobilien verfügt. Zwei Drittel der griechischen Staatsfläche sind im weitesten Sinne Staatseigentum.

Dumm nur, dass in der sich dann entfaltenden Krise all das mangels Käuferinteresse wenig bis gar nichts mehr wert war.

Gleichzeitig gibt es in Griechenland aber einen tiefen antistaatlichen Instinkt, der seine Wurzeln in einer mehrere Jahrhunderte währenden Okkupation durch das osmanische Reich hat. Von diesem Staat durften die christlichen Griechen wenig bis gar nichts erwarten, die Steuern, die er eintrieb, dienten dem Erhalt seiner auf imperiale Eroberung ausgerichteten Infrastruktur. Und so ist es kaum verwunderlich, dass die Vermeidung von Steuern als patriotische Pflicht angesehen wurde. Dieses Training dauerte rund 500 Jahre, und jetzt kommt der deutsche Finanzminister, dem die Unterdrückungsinstrumente mittelalterlicher Machtentfaltung nicht zu Gebote stehen, und glaubt, er könne das ändern. Selten so gelacht.

Als Griechenland im 19. Jahrhundert – vor allem auch dank der Unterstützung der deutschen »Philhellenen« – endlich seine staatliche Unabhängigkeit wieder erlangte, begann deshalb eine lange Kette von fiskalischen Katastrophen und Staatspleiten. Eine kleine Anekdote am Rande ist übrigens, dass es ein Bund griechischer Stadtstaaten war, der im 5. Jahrhundert v. Chr. die erste geschichtlich dokumentierte Staatspleite hinlegte. Man hatte einen Tempel auf Pump finanziert und dann nicht zurückgezahlt. Tradition verpflichtet, würde man in Adelskreisen sagen.

Es ist leider müßig, darüber zu spekulieren, ob man diesen Anti-Steuerinstinkt der Griechen nicht als Stärke nutzen könnte, wenn man im Gegenzug einen schlanken Staat mit Fokus auf seine echten Kernaufgaben etabliert und im Übrigen einen maximalen Anteil des Wirtschaftens den Bürgern überlässt. Das hätte dann wohl ein Wirtschaftswunder zur Folge.

Im Grunde zerreißt es Griechenland durch die gleiche Art von Spannungsfeld, das auch verhindert, dass unterschiedliche Stabilitätskulturen zeitgleich in einem Währungsraum koexistieren können. Hier sind es zwei unterschiedliche Mentalitäten bezüglich der Rolle und Größe des Staates, und zwar im gleichen Land bzw. unter der identischen Steuerhoheit.

Das Troika-Sanierungsmodell: Operation gelungen, Patient tot

2009, 2010 und 2011 fing dann die europäische Politik damit an, Griechenland zu retten. Die Herangehensweise demonstrierte leider, dass man nicht nur seinen Hayek nicht gelesen hatte (an dessen Ideen glaubte die Mehrheit der Teilnehmer in der Finanzministerkonferenz der Eurozone ohnehin nicht), sondern auch die makroökonomischen Lehrbücher zu Hause gelassen hatte. Im Duett mit der Europäischen Zentralbank, die zunächst Anleihen des damals schon überschuldeten Landes zur »Kurspflege« en gros aufgekauft hatte, verschrieben die Freunde des Landes ihrem Sorgenkind eine Kombination aus Übernahme eines Teils der Schulden durch die Euroländer (zur Vermeidung einer explodierenden Zinslast) einerseits und einen rigorosen Sparkurs des Staates andererseits.

Die Tatsache, dass Griechenland für diese Schulden bei seinen europäischen Partnern Zinsen zahlte, veranlasste den deutschen Fiskaldompteur zu der Bemerkung, dass der deutsche Steuerzahler an der Rettung des Landes sogar noch verdiene.

Das kann nur jemand in die Welt setzen, der von Risikokosten überhaupt keine Ahnung hat. (Dieser Spruch wurde ja auch nicht wiederholt, nachdem der Umstand, dass es vor allem verstaatlichte Banken waren, die beim griechischen Schuldenschnitt Milliardenverluste erlitten, den deutschen Steuerzahler auch etliche Milliarden gekostet hat.)

Dieser Optimismus wurde dadurch unterstrichen, dass die Gruppe der Euroländer noch Anfang 2010 eine Garantie gab, dass Griechenland auf jeden Fall bis 2013 gesichert sei und ein Schuldenschnitt unter keinen Umständen infrage komme oder zu befürchten sei. Mit dieser Botschaft wandte sich die Politik seinerzeit an die Banken und bat sie, keine Griechenlandanleihen zu verkaufen, um den »Markt nicht weiter zu destabilisieren«.

Daran sollte man sich erinnern, wenn man drei Jahre später den zypriotischen Banken vorwirft, sie hätten wissen müssen, dass sie an griechischen Anleihen Geld verlieren werden. Freiwillig auch noch, wie wir ja wissen.

Allein von 2009 auf 2010 musste das Land sein Defizit von 15,6 Prozent auf 10,3 Prozent des BSP senken. Dieser negative Nachfrageeffekt von über 5 Prozent des BSP führte zu einer nie da gewesenen Schrumpfung der griechischen Wirtschaft in Friedenszeiten. Bedingt war dies durch eine klassische Nachfrage- und Liquiditätsfalle Keynesianischen Zuschnitts. Ja: die Annahmen seines Modells waren hier ausnahmsweise zutreffend! Das BSP kollabierte regelrecht, die Arbeitslosigkeit eilt seither von Rekord zu Rekord. Die Jugendarbeitslosigkeit liegt mittlerweile bei über 60 Prozent. Eine verlorene Generation.

Das Sanierungsmodell wurde gerechtfertigt mit den positiven Erfahrungen von Austeritätsprogrammen des IWF. Zu dumm nur, dass der IWF kein einziges erfolgreiches Sanierungsprogramm für ein Land vorzuweisen hat, bei dem nicht auch der Wechselkurs deutlich nach unten angepasst wurde, um seine Wettbewerbsfähigkeit wiederherzustellen. Das geht ja bei Griechenland nicht. Es ist sogar angeblich der Sinn der ganzen Rettungsmission, genau das zu vermeiden, weil man das Land ja im Euro halten will, was automatisch einen festen Wechselkurs bedeutet und keinen flexiblen.

Gleichzeitig verschrieb man dem Land unter der Flagge marktwirtschaftlicher Reformen ein Privatisierungsprogramm, dessen Design, Zeitplan und Strategie man sich eigentlich in dieser Form nur einfallen lassen kann, wenn man die Themen Marktwirtschaft und Privatisierung bei der Bevölkerung desavouieren will. In den Fluren der

Athener Ministerien und auch in der Presse des Landes sprach man von »ukrainischer Privatisierung«. Der angestrebte Verkauf der Vermögenswerte des Landes mitten in einer epochalen Wirtschafts- und Finanzkrise – und das so schnell wie möglich – konnte nur auf eine Verramschung des staatlichen Vermögens hinauslaufen.

Und so schraubte sich die griechische Wirtschaft ungespitzt in den Boden, während reiche Oligarchen aus dem In- und Ausland versuchten, die Privatisierung als Schnäppchenjagd zu nutzen. Nur notorische Optimisten können glauben, dass es dem Ideal der europäischen Idee in dem Land etwas genutzt habe, dass man solche Maßnahmen rechtfertigte mit ständigen Hinweisen auf die Forderungen der Troika, dieser Dreifaltigkeit aus EU-Finanzministern, Europäischer Zentralbank und Internationalem Währungsfonds.

Eureka!

In dieser Situation kam es Mitte 2011 zum »Eureka«-Vorschlag durch ein namhaftes europäisches Beratungsunternehmen. Sein Grundgedanke beruhte auf der mittlerweile allgemein akzeptierten Einsicht, dass die Kombination von Sparen und Privatisierung mitten in der tiefsten Krise keinen Lösungsraum für Griechenland bot. Die Privatisierung war wegen der oben beschriebenen Mechanismen der Verramschung zum Misserfolg verdammt. Das Sparprogramm ließ die griechische Volkswirtschaft schneller schrumpfen und entzog ihr damit die für einen ausgeglichenen Haushalt notwendigen Steuereinnahmen. An eine Wiedergewinnung der Wettbewerbsfähigkeit der griechischen Wirtschaft war auf diese Weise und vor dem Hintergrund des Wechselkursregimes überhaupt nicht zu denken.

Dabei schrumpfte der private Sektor noch schneller als der öffentliche, mit der Folge, dass das eigentlich nicht wünschenswerte Übergewicht des Staates mit einem noch höheren Anteil am BSP noch verstärkt wurde.

Die Diskussion um einen Schuldenschnitt zulasten der Gläubiger war bereits im Gange, aber es war klar, dass ein solcher zu erheblichen Nebenwirkungen für die europäische Konjunktur führen würde. Die Kosten dieses Schrittes waren ja dann auch dramatisch höher, als dies der Öffentlichkeit bewusst ist, wie wir gleich noch sehen werden.

Eureka hatte dagegen zum Ziel, einerseits die Schulden des Landes ohne einen Schuldenschnitt in einem Schritt drastisch zu reduzieren, um ein gesundes Verhältnis von Gesamtverschuldung zu Wirtschaftskraft zu erreichen, und andererseits einen Wachstumsimpuls zu geben, der das Land aus seiner konjunkturellen Abwärtsspirale befreien sollte.

Ausgangspunkt war das Vorhandensein eines sehr großen Bestands an Vermögen im Staatseigentum in Form von Beteiligungen, Infrastruktur und Immobilien. Dabei konnte niemand genau sagen, was eigentlich genau alles zum Vermögen des griechischen Staates gehörte. Ein Hindernis war das Fehlen eines Landkatasters, und dies, obwohl bereits in den Jahren 2000 bis 2003 ein solches Kataster mit umfassender finanzieller Unterstützung der EU zwar konzeptuell entwickelt, dann aber nicht »freigeschaltet« worden war.

Der Grund hierfür war offensichtlich: So ein Kataster schafft Transparenz, und davon wollen vor allem diejenigen nichts wissen, die mit Vorliebe in trüben Gewässern fischen. Denn das Verschieben und Verkaufen von Immobilien unter Wert zugunsten von Freunden, Parteifreunden und Günstlingen würde sehr viel schwieriger werden. Das staatliche Vermögen bildet so einen der großen Nährböden für die Korruption im Land.

Trotzdem konnten grobe Schätzungen des Vermögenswertes durchgeführt werden, die trotz des Unsicherheitsfaktors ausreichten, um das Eureka-Projekt sinnvoll kalkulieren zu können. Die Wertansätze reichten damals von 50 Milliarden bis 300 Milliarden Euro.

Eureka beinhaltete folgendes Vorgehen:

1. Einsammeln des gesamten griechischen Staatsvermögens und Bündelung in einer Art Treuhandgesellschaft.

2. Verkauf der gesamten Treuhandgesellschaft für einen Preis von 125 Milliarden Euro an die Europäische Union bzw. eine ihrer Institutionen

3. Verwendung der gesamten zufließenden Mittel zur Tilgung der Schulden Griechenlands bei den Euroländern und bei der Europäischen Zentralbank.

4. Dies hätte den Stand der Gesamtverschuldung Griechenlands von damals 145 Prozent auf 88 Prozent des BSP gesenkt. (Zum Vergleich: Deutschland hat heute 82 Prozent)

5. Das Kreditrisiko der Europäer wäre ersetzt worden durch ein Vermögenswertrisiko, welches trotz der Ungewissheiten über die genaue Zusammensetzung und den Wert des Vermögens kleiner gewesen wäre als das Kreditausfallrisiko.

6. In einem zweiten Schritt sollten die EU-Länder einen Betrag von 20 Milliarden Euro aufwenden, um diese Mittel in die Restrukturierung der erworbenen Vermögenswerte zu investieren. Die Idee dahinter war ganz einfach: »Kaufe Wohnung, renoviere Wohnung, verkaufe Wohnung mit Gewinn.« Das funktioniert auch bei Produktiv- und Infrastrukturvermögen.

7. Diese 20 Milliarden Euro entsprachen 8 Prozent des griechischen BSP und hätten die Nachfrage entsprechend gestärkt, und zwar ohne eine Erhöhung der Staatsausgaben. Die Mittel wären ausdrücklich nicht durch die griechische Staatskasse geflossen.

8. Mit diesem Wachstumsimpuls hätte man die Abwärtsspirale der griechischen Wirtschaft durchbrechen und sie so auf Wachstumskurs setzen können, was wiederum die Steuereinnahmen erhöht und damit die Zins- und Schuldentilgung für die verbleibenden Verbindlichkeiten sichergestellt hätte.

9. Parallel zum Investitionsprogramm sollte die Treuhand das gesamte Vermögen über einen Zeitraum von drei bis zehn Jahren privatisieren. Dies sollte ohne Zeitdruck geschehen, dafür unter den Bedingungen einer dann wieder deutlich wachsenden Wirtschaft und damit steigender Nachfrage und steigenden Preisen für die angebotenen Objekte.

10. Diese Privatisierung hätte den staatlichen Sektor in Griechenland deutlich geschrumpft und die Produktivität erheblich gesteigert, was dem Land nach dem nachfrageinduzierten Wachstumsimpuls noch einen angebotsinduzierten Impuls gegeben und das Wachstum weiter beschleunigt hätte.

11. Ab dem zweiten Jahr des Programms sollte das Land 1 Prozent seines BSP pro Jahr in die Schuldentilgung investieren. Das wäre vor dem Hintergrund der drastisch geschrumpften Schulden durch den Verkauf der Treuhand und das neue Wachstum der Wirtschaft leicht zu erreichen gewesen, ohne dass man die Ökonomie hätte totsparen müssen.

12. Im Jahr 2025 sollte das Programm auslaufen, Überschüsse nach Rückzahlung des Kaufpreises und der Zinsen auf den Kaufpreis

an Griechenland ausgezahlt werden. Ein eventuelles Defizit hätte Griechenland zu tragen gehabt, sodass die Anreize für das Land gegeben wären, optimale Bedingungen für eine erfolgreiche Privatisierung durch Strukturreformen zu schaffen.

Eine realistische Simulation des Verlaufes von Wirtschaftskraft, Verschuldung und Tilgung unter konservativen Annahmen zeigte, dass das Land bereits im Jahr 2018 nicht nur seine Schuldentragfähigkeit wiederhergestellt, sondern alle Vorgaben des Maastricht-Vertrages erfüllt hätte.

Wie viel Social Engineering war in Eureka enthalten? Mit Sicherheit deutlich weniger als in dem »Rettungs«-Programm, das Griechenland unter Missachtung jeder makroökonomischen Theorie und Erfahrung in das »schwarze Loch« einer kollabierenden Wirtschaft gestoßen hat. Der Teil der sozioökonomischen Kultur, der am meisten Änderung erfahren hätte, wäre die Korruption gewesen, weil sie sich in erster Linie von den staatlichen Immobilien und Beteiligungen ernährt. Die Überführung dieses Vermögens an eine transparente und der Öffentlichkeit voll und umfassend rechenschaftspflichtige Institution hätte einen großen Teil dieses Sumpfes ausgetrocknet, und zwar unter dem Beifall der griechischen Bevölkerung, bei der dieser Vorschlag ausgesprochen populär war.

Wie die Zeitung *Kathimerini* damals berichtete, führte allein das Gerücht, das Eureka umgesetzt werden sollte, zu einem Kursfeuerwerk an der Athener Börse.

Woran ist Eureka gescheitert?

Nicht an Griechenland und nicht an der Wahrnehmung des Vorschlages bei der breiten Öffentlichkeit dort. Er ist gescheitert an einer Koalition der Kräfte in Griechenland, denen diese Austrocknung des Verschiebebahnhofes für »herrenloses Staatsvermögen« ein Dorn im korrupten Auge war. Und er ist gescheitert an einer EU- und Ministerialbürokratie bei den europäischen Partnern Griechenlands, die die makroökonomischen Mechanismen entweder nicht verstanden haben oder sich aus populistischen Gründen lieber auf einen Schuldenschnitt zulasten der Banken kaprizierten.

Die Devise des Finanzministers eines großen EU-Landes dazu war ganz klar: »Ich will jetzt die Banken bluten sehen.« Eureka hätte diesen Schuldenschnitt zulasten der Banken überflüssig gemacht und war insofern dort nicht wohlgelitten.

Dazu kam die Attitüde von Ministerialbeamten, die sich nach drei Jahren ihrer Rolle als Retter der Welt einem »Not invented here«-Syndrom hingaben: Wenn etwas nicht aus den Ministerien kam, konnte es nicht gut sein.

Hier einige Zitate zur Auswahl, die das Niveau der Rettungsdiskussion anschaulich illustrieren:

»Ich habe das Eureka-Thema jetzt verstanden und wahrscheinlich wird es funktionieren, aber wir werden es nicht machen (...), weil ich denke, dann müssten die Griechen arbeiten, aber das werden sie nie tun.« (Ein hoher Beamter aus dem Finanzministerium eines EU Landes)

»Das könnte funktionieren, aber wir machen das nicht (...), denn das Schiff läuft schon in eine andere Richtung.« (Ein Mitglied der Europäischen Kommission)

Dieser Satz veranlasste einen griechischen Politiker zu der Frage, ob dieser EU-Kommissar seine Tochter von der Titanic holen würde, wenn er wüsste, dass sie dort ist.

»Das ist politisch nicht durchsetzbar.«

Ja, das stimmte immerhin, auch wenn dieser Satz meistens eigentlich bedeutet: »Ich habe nicht die Cojones in der Hose, mich dafür politisch stark zu machen.«

Stattdessen wurde ein Schuldenschnitt zulasten der Banken und privaten Investoren durchgezogen. Dessen Nebenwirkungen waren offenbar politisch durchsetzbar. Es lohnt sich angesichts der Folgen, die heute kleingeredet werden, auch hier, genauer hinzusehen.

»Freiwilliger« Schuldenschnitt

Die undurchschaubare Dynamik der CDS-Märkte, also der Credit Default Swaps, machte den beteiligten Politikern von Anfang an Angst vor den schwer kalkulierbaren Folgen eines Schuldenschnitts, der technisch gleichbedeutend war mit der Pleite Griechenlands. Deshalb entschied man sich dafür, einen »freiwilligen« Schuldenschnitt zu fordern und legte den Banken wie bei einer »hochnotpeinlichen Befragung« (vulgo: Folter) der Heiligen Inquisition des späten Mittelalters die Instrumente vor, die diesem freiwilligen Verzicht Nachdruck verleihen sollten. Don Corleone hätte gesagt: »Ich habe ihm ein Angebot gemacht, das er nicht ablehnen konnte.«

Dabei ging man in zwei Schritten vor: Erst ein kleiner Verzicht durch die Banken von ca. 20 Prozent. Dann ein großer, als das nicht reichte. Dass man nach dem kleinen Schnitt den Banken garantiert hatte, dass es das jetzt war, hatte man beim großen Schnitt wenige Monate später schon wieder erfolgreich verdrängt. Es wurde argumentiert, die Banken hätten die Politik »über den Tisch gezogen«. Was für ein Unsinn.

Nun ja, beim zweiten großen Schnitt war klar, dass die Erfüllung des Begehrens der Politiker eine Reihe von Banken die Existenz kosten würde. Das muss man sich mal auf der Zunge zergehen lassen: Man verlangte vom Vorstand einer Bank, auf Geld zu verzichten, das ihm nicht gehörte, wissend, dass dies seine Bank in die Pleite treiben würde. Und als der Vorstand sich weigerte, legte man auch noch Daumenschrauben an. Das tat man in dem vollen Wissen, dass der dadurch verschuldete Kollaps einiger Banken ein weiteres Land der Eurozone, nämlich Zypern, in die sichere Staatspleite treiben und zum nächsten »Rettungskandidaten« machen würde.

Wie sahen diese Daumenschrauben aus?

Da kam eine neue Bilanzierungsregel zupass, die man sich bei der europäischen Bankenaufsicht EBA in London ausgedacht hatte. Diese sah vor, dass künftig Staatsanleihen, auch solche von Euroländern, nicht mehr zum Nominalwert in der Bankbilanz verbucht werden dürfen, sondern nur noch zum Marktwert. Der Marktwert für griechische Anleihen war natürlich dank der Aktionen der Politik, insbesondere das Einkassieren jeglicher Zusagen und dem Bruch aller gegebenen Versprechungen (nicht nur durch die griechische Regierung, sondern in gleichem Umfang durch ihre europäischen Partner) deutlich gefallen.

Extrem verstärkt wurde dies natürlich dadurch, dass die Marktteilnehmer die Fehlkonstruktion einer auf Austerität in Verbindung mit einem starren Wechselkurs angelegten »Rettungspaket« erkannten und den Bluff dann auch Bluff nannten.

Man hat den Wertverlust der Papiere und den Kollaps des Vertrauens der Märkte durch die Politik des Wortbruchs und der Verneinung offensichtlicher ökonomischer Realitäten erst herbeigeführt und dann dafür gesorgt, dass die Banken diesen Wertverlust abschreiben mussten.

Damit war die Mehrzahl der griechischen und zypriotischen Banken formal pleite. Anschließend erklärte man ihnen, dass sie zwar nun pleite seien, dafür aber ein staatliches Rettungsprogramm aufgelegt werde, um sie zu »retten«. Wohlgemerkt, danach sind die Banken in Staatsbesitz und die Aktionäre sind praktisch zu 100 Prozent enteignet.

Diese »Rettung« würde aber natürlich nur kommen, wenn vorher »freiwillig« auf die Rückzahlung der griechischen Anleihen verzichtet wird, womit sich der Kreis schließt und die so von der Politik heruntergewirtschafteten Anleihewerte sich im Nachhinein als »gerechtfertigt« erwiesen. So eine Aktion kannte man bis dahin nur aus Nordkorea und anderen stalinistischen Regimen, wenn es dort gegen den »kapitalistischen Klassenfeind« ging. Würde man das im zivilen Rechtsverkehr zwischen Kaufleuten machen, würde man es wahrscheinlich in so manchem Land mit dem Staatsanwalt zu tun bekommen.

Nach vollbrachter Tat stellten oder setzten sich dann die Finanzminister vor die Presse und verkündeten, dass sie es geschafft hätten, die Banken endlich zu einem »fairen Beitrag« zur Griechenlandrettung zu veranlassen. Von fairem Interessenausgleich wurde da gesprochen, verbrämt mit schwülstigem Gerede. Die Wahrheit war profan. Sie war schlicht eine Enteignung von Aktionärsvermögen von Banken, die nicht einmal schlecht gewirtschaftet hatten, mit Ausnahme ihres ungerechtfertigten Vertrauens in die Zusagen der europäischen Finanzminister.

Um das Maß vollzumachen, möchte ich daran erinnern, warum man im Jahr 2009 überhaupt mit der Rettungsaktion in Athen angefangen hat: Man stand vor der Wahl, eine von zwei Säulen des Vertrauens in die europäische Finanzordnung aufgeben zu müssen: Entweder das Bailout-Verbot des Maastricht-Vertrages oder die absolute

Werthaltigkeit von Staatsanleihen des Euroraums. In dieser Abwägung entschied man sich dafür, beide Säulen einzureißen, erst das Bailout-Verbot und dann das Vertrauen in die Staatsanleihen. Die europäischen Finanzminister haben damit eine Premiere geliefert: Bei der Wahl zwischen zwei Übeln haben sie beide genommen, jeweils mit der Behauptung, das eine tun zu müssen, damit sie das andere Übel vermeiden könnten.

Die Folgen ließen nicht lange auf sich warten.

Wie im ersten Kapitel bereits kurz dargelegt, hatte diese kleine Änderung der Bilanzierungsregeln für Banken noch ein paar Nebenwirkungen, nämlich die Abschreibung von Anleihen aus Italien, Frankreich, Spanien, Portugal, Irland und Belgien auf Marktpreisniveau. Angesichts der messbaren Folgen für die Kreditversorgung der Wirtschaft braucht sich niemand über die einbrechende Konjunktur in Europa zu wundern.

Zypern und der deutsche Wahlkampf

Wie bereits erwähnt, war die »freiwillige« Beteiligung am Schuldenschnitt auch das Todesurteil für die Banken des kleinen Zyperns. Nicht zu Unrecht kennen die meisten Europäer dieses schöne Land zwischen den Küsten der Türkei, der Levante und Ägyptens in erster Linie als Urlaubsziel. Viele Russen kennen es allerdings als Insel der Zivilisation, wo man sich und seine Spargroschen vor der Willkür eines nur in Maßen der Rechtsstaatlichkeit verpflichteten Regierungssystems in Sicherheit bringt. So ähnlich wie es viele Deutsche nach Mallorca oder an die Côte d'Azur zieht, nur dass der Deutsche zwar auch mal gerne vor enteignungsähnlicher Besteuerung flüchtet, aber in der Regel nicht vor sonstiger Behördenwillkür auf der Hut zu sein braucht – jedenfalls noch nicht.

Da enden aber auch schon die Gemeinsamkeiten. Denn Zypern hat leider nur genau drei Wirtschaftszweige, von denen seine – übrigens hervorragend ausgebildete – Bevölkerung lebt: Das sind Landwirtschaft, Tourismus und Finanzdienstleistungen.

Seit dem griechischen Schuldenschnitt waren die zypriotischen Banken Zombies, lebende Tote, die zwar noch herumliefen, aber die eigentlich nach allen Regeln der Bilanzierung nur noch durch die Mund-zu-Mund-Beatmung seitens der zypriotischen Nationalbank, der lokalen Filiale der EZB, am Leben erhalten wurden. Für diese Institute war der freiwillige Schuldenschnitt buchstäblich freiwilliger Selbstmord.

Jeder, der das wissen wollte, wusste es auch.

Nun hätte man die zypriotischen Banken natürlich, ebenso wie die griechischen, zeitnah nach dem Schuldenschnitt mit neuem Eigenkapital versorgen können. Aber erstens wäre dann der unmittelbare Zusammenhang dieser Notwendigkeit mit dem selbst verursachten Problem einer breiteren Öffentlichkeit aufgefallen, und zweitens wäre dann die Aktion »wir machen jetzt das Bankensystem dieses windigen Steuerschlupfloches öffentlichkeitswirksam platt« nicht so passend mit dem Wahlkampf in Deutschland zusammengefallen.

So kam es, dass die »Rettung« des kleinen Inselstaates erst im Frühjahr 2013 anstand. Die EZB hatte in der Zwischenzeit ca. 10 Milliarden Euro Forderungen an die zypriotischen Banken aufgestaut, die aus dem langsamen, aber stetigen Abzug von Einlagen als Ersatzfinanzierung notwendig geworden waren. Genau betrachtet war natürlich auch das schon eine verbotene Finanzierung durch die Notenbank, da diesen Krediten keine werthaltigen Sicherheiten gegenüberstanden.

Nach drei Jahren Rettungspolitik bemühte man sich nicht mal mehr um den Anschein, als hielte man sich noch an die eigenen Regeln.

Das ist aber nicht das Bemerkenswerteste an der zypriotischen Episode.

Im März 2013 kamen die Finanzminister der Euroländer zusammen, um das Rettungspaket zu schnüren, und heraus kam die Zerstörung des wohl wichtigsten Sektors der Wirtschaft dieses Landes. Bereits im Vorfeld wurde eine Diskussion um die Frage losgetreten, ob es Aufgabe des europäischen Steuerzahlers sei, die Inhaber angeblicher russischer Schwarzgeldkonten vor Verlusten zu bewahren. Ein angeblich vorhandenes Dossier des deutschen Geheimdienstes BND wurde zitiert, dass der Bankensektor Zyperns eine Steueroase und Schwarzgeldwaschmaschine sei. Fehlte eigentlich nur noch ein blutrünstiger Diktator, dann hätte man wahrscheinlich auf der Suche nach Beweisen für diese kriminellen Machenschaften da einmarschieren können. Ach so, das machen wir heutzutage nicht mehr! Puh, Glück gehabt.

Man fragt sich, was der BND auf Zypern zu suchen hatte, falls er überhaupt dort war. Hat man dort geheime Papiere entwendet oder Steuer-CDs gekauft, von denen die Medien nichts mitbekommen haben? Oder hat einfach ein fleißiger Analyst in Pullach die internationale Presse ausgewertet und dort niedergeschriebene Verdächtigungen als Fakten abgeschrieben? Oder hat man sich in die Computer oder das Telefonnetz der Banken dort gehackt? Kann man sich schwer vorstellen, dass die deutschen Schlapphüte das bei einem EU-Partnerland und Verbündeten tun würden, die sind ja schließlich nicht bei der NSA.

Kurz und knapp: Beweise für diese Behauptungen blieb man der Öffentlichkeit schuldig. Dass viel Geld russischer Anleger dorthin fließt, kann ja auch nicht überraschen und ist auch nicht kritikwürdig. Warum nicht? Weil es nicht Aufgabe der EU ist, den russischen Behörden (denen das alles interessanterweise völlig gleichgültig war) vorzuschreiben, wo und wie sie ihre Bürger zur Steuerehrlichkeit anhalten. Zumal überhaupt nicht klar war, ob und wie viel von dem dort angelegten Geld unversteuert oder gar unehrlich erworben war.

Russische Bürger haben, bedingt durch den leider immer noch großen Mangel an Rechtssicherheit in ihrem Land, ein durchaus nachvollziehbares Bedürfnis, einen substanziellen Teil ihres Vermögens vor willkürlichem Zugriff in Sicherheit zu bringen. Es ist auch logisch, dass sie das gerne in einem Land tun, das von der Geschichte und Kultur her mit ihrem eigenen verbunden ist. In Zypern ist die orthodoxe Kirche und die daraus abgeleitete Kultur ein solches Band zu Russland. Griechenland schied ja aus naheliegenden Gründen aus.

Aber das ist egal, denn es ging um etwas anderes: um moralische Empörung.

Aber warum ist diese Empörung im Moment so wichtig?

Weil es in Deutschland, Frankreich und einigen anderen Ländern ein Wettrennen der Politik in Sachen Empörung über alles gibt, was irgendwie mit Steuerflucht zu tun hat oder haben könnte. Die einen Schicken die Kavallerie nach Zürich, da müssen die anderen nachlegen. Symptomatisch für diese Haltung ist der Umgang mit gestohlenen Daten von Schweizer Banken. Noch vor wenigen Jahren wäre es jedem klar gewesen, dass das eigentlich Hehlerei ist, heute fällt die Güterabwägung der Berufsempörten anders aus. Man sollte dabei nicht vergessen, dass solche Art Wertewandel die Rechtsordnung beschädigen kann. Natürlich hat der Rechtsstaat die Pflicht, Kriminalität zu bekämpfen, wozu auch Steuerhinterziehung gehört. Der Rechtsstaat bedeutet aber »Herrschaft des Rechts«, nicht Herrschaft des Staats und ihm heiligt nicht der Zweck die Mittel. Gerade dadurch unterscheidet er sich vom Unrechtsstaat. Oder wie Benedikt XVI es in seiner Rede vor dem deutschen Bundestag so schön zitierte: Nimm vom Staat das Recht weg, was bleibt dann übrig als eine große Räuberbande?

Das kann Folgen haben, auch für die Freiheit vor Willkür. Wenn man sich anschaut, was für ein Schauspiel um die Selbstanzeige eines doch recht wohlhabenden Fußballmanagers in der deutschen Politik aufgeführt wird, dankt man dem lieben Gott, dass die Väter unseres Grundgesetzes den kleinen Satz da reingeschrieben haben: »Die Todesstrafe ist abgeschafft.« Vom »Hosianna« zum »Kreuziget ihn« dauert es halt manchmal nur eine Woche, wenn die Meute Beute wittert.

Also, was kam heraus bei dem Rettungspaket? Ein Kredit für Zypern von zehn Milliarden Euro als Beitrag für die Bankenrettung, wohlgemerkt verzinst und rückzahlbar und so bemessen, dass man glaubte, die Schuldentragfähigkeit nicht überfordert zu haben. Da ist es fast schon tröstlich zu wissen, dass die Herren der Troika bei der Kalkulation der Schuldentragfähigkeit ihrer Schäflein eine Erfolgsbilanz aufzuweisen haben wie der Hunnenkönig Attila als sanftmütiger Säulenheiliger. Mittlerweile gibt der IWF ja sogar unter dem Protestgeheul aus Brüssel zu, dass man bei den wirtschaftlichen Folgen der eigenen Medizin drastisch danebengelegen hat.

Und darüber hinaus gab es einen Zugriff auf die Sparkonten bei den zypriotischen Banken in Form einer einmaligen Abgabe. Vergessen die Schwüre, dass Spareinlagen in der Eurozone sicher sind.

Anschließend gab es zwei kommunikative Trauerspiele: Das eine waren die gegenseitigen Schuldzuweisungen zwischen der zypriotischen Regierung und den europäischen »Partnern«, wer von beiden diese glorreiche Idee denn gehabt hätte, und das andere waren Interviews der Finanzminister in Endlosschleife, dass es sich bei diesem Fischzug gar nicht um Verluste auf Spareinlagen handelte, sondern um eine Steuer, und das sei etwas ganz anderes. Erinnern Sie sich daran, wenn das nächste Mal ein Finanzminister sagt, Ihre Spareinlagen seien sicher. Tja, ist der Ruf erst ruiniert, lebt sich's völlig ungeniert.

Das Parlament in Nikosia hatte immerhin zunächst den Mut des Verzweifelten aufgebracht, diesen Vorschlag einstimmig zurückzuweisen, was eine Mahn- und Drohorgie nach sich zog wie bei einem Gorilla-Silberrücken bei der Revierverteidigung. Die EZB drohte dem Land unter Fristsetzung, es von der Finanzierung abzuschneiden. Wie praktisch, dass diese Finanzierung eigentlich ohnehin nicht legal war, da kann man sie jederzeit einstellen und hat ein Druckmittel.

Außerdem war mit dem Tag der Verkündung dieses unausgegorenen und noch nicht rechtskräftigen Plans klar, dass jeder, der bei Verstand und in der Lage ist, das Haus zu verlassen, sofort sein Geld von den Banken abheben würde. Um dem vorzubeugen, schnitt man das Land geschlagene zwei Wochen vom internen wie auch vom internationalen Zahlungsverkehr komplett ab. Alle Ersparnisse, Konten und sonstigen Anlagen bei den Banken waren damit in der Geiselhaft der Troika.

Überweisungen zwischen Unternehmen mussten zur Einzelgenehmigung bei der Zentralbank vorgelegt werden und wurden nur freigegeben, wenn ohne die Transaktion das Unternehmen hätte Konkurs anmelden müssen. Sie können sich vorstellen, was für eine Art bürokratischer Gnadenerweis das war und welche Kopfstände die Unternehmen aufführen mussten, um an das Geld zu kommen, das von Rechts wegen ihnen gehörte.

Der deutsche Finanzminister gab in dieser Lage den Satz zum Besten: »Ich lasse mich von Zypern nicht erpressen.« Das spricht für sich selbst. Auf jeden Fall sagt diese Verdrehung der Realität mehr über die politische Kultur und über das Selbstverständnis des Zitierten aus als über Zypern.

Nach wenigen Tagen war der politische Widerstand der kleinen Inselrepublik dann schließlich gebrochen. Man stimmte einem modifizierten Plan zu, der zwar die Spareinlagen unter 100 000 Euro schonte, dafür aber die ausländischen Anleger bei den beiden größten Banken des Landes umso stärker zur Kasse bat.

Triumphierend wurde daraufhin in der Normannenstraße in Berlin verkündet: »Das Geschäftsmodell der zypriotischen Banken ist tot.« Ja, das war auch die Absicht hinter dem ganzen Feuerwerk. Man hat den wichtigsten Wirtschaftszweig dieses Landes zerstört und damit sichergestellt, dass sich dort die griechische Tragödie wiederholt.

Die Projektionen des IWF, nach denen die Wirtschaft im Jahr 2013 um wenige Prozent schrumpft und dann wieder wächst, sind nicht das Papier wert, auf dem sie geschrieben stehen. Alleine der Kollaps der Banken und die zeitweise Stilllegung des Zahlungsverkehrs haben die Wirtschaft um einen Betrag schrumpfen lassen, der größer ist, als die Projektion der Troika zugeben möchte. Nur zwei Wochen nach dieser Aktion veröffentlichte der *Economist* eine realistische Schätzung. Nicht 5 Prozent, sondern 35 Prozent wird das zypriotische BSP in den nächsten 30 Monaten schrumpfen. Mindestens.

Bereiten Sie sich schon mal auf ein paar Krokodilstränen in Brüssel und Berlin vor, wenn auch in diesem schönen Land die Jugendarbeitslosigkeit auf 50 bis 70 Prozent ansteigt.

Herzlichen Glückwunsch zur Schließung eines Finanzplatzes im Rahmen des deutschen Wahlkampfes. Es sind ja nur Arbeitsplätze in Nikosia davon betroffen, die dürfen in Deutschland nicht wählen.

Hätte es eine Alternative gegeben zu der gewählten »Beteiligung« der Sparer und Bankkunden, ohne den europäischen Steuerzahler im Rahmen des Bailout zusätzlich zu belasten? Ja, die gab es. Eine Möglichkeit wäre zum Beispiel gewesen, den Sparern eine rückzahlbare Zwangsanleihe aufzuerlegen. Diese wäre vom Staat garantiert worden, jedoch einerseits nachrangig gegenüber seinen anderen Verbindlichkeiten (damit wären die Forderungen des IWF nach einer Beachtung der gesamten Schuldentragfähigkeit ebenfalls gesichert gewesen) und andererseits besichert durch die – heute noch ungewissen – Einnahmen aus den vor der Küste Zyperns vermuteten Gasfeldern.

Dies hätte den Bankkunden ebenfalls Opfer abverlangt, allerdings mit der realistischen Aussicht auf künftige Rückzahlung. Den Bankenstandort Zypern hätte ein solches Vorgehen möglicherweise gerettet, weil die Sparer die Ernsthaftigkeit des Bemühens um Wertsicherung ihres Vermögens gesehen hätten.

PS: Wenn wir alle Finanzzentren dichtmachen wollten, wo sich schon mal Schwarzgeld getummelt hat oder Geld gewaschen wurde, dann bliebe nicht viel übrig von den Banken in Frankfurt, London, Paris oder New York. Das heißt nicht, dass man nicht gegen Steuerhinterziehung vorgehen sollte. Das ist immer noch eine Straftat. Aber bitte mit den Mitteln des Rechtsstaats und nicht, um populistische Triebe zu befriedigen.

Wie geht es weiter mit der Eurozone?

Mit einer durchschnittlichen Verschuldung von fast 90 Prozent des BSP der Euroländer müssen wir mitten in der jugendlichen Pubertät des Euro feststellen, dass – von wenigen Ausnahmen abgesehen – das Maastrichter Stabilitätskriterium einer Maximalverschuldung von 60 Prozent nicht annähernd erreicht worden ist. Auch Deutschland liegt mit über 80 Prozent nur im Mittelfeld und ist in Summe keinesfalls ein Vorbild für die anderen Länder der Währungsunion.

Wenn man die unerwarteten Einnahmen, die dem deutschen Fiskus durch eine Sonderkonjunktur aufgrund der Kapitalflucht nach Deutschland zugeflossen sind, herausrechnet, dürfte von der grandiosen Leistung, in 2013/14 einen annähernd ausgeglichenen Haushalt vorzulegen, nicht so viel übrig bleiben. Das Land, oder besser gesagt sein Finanzminister, sonnt sich in Windfall-Profiten, deren Kehrseite die Akkumulation enormer Risiken zulasten des deutschen Staatshaushaltes ist.

Kaum ein anderes Land hat ein derart gefährliches systemisches Risikoportfolio aufgebaut wie Deutschland. Es besteht aus einer einzigen großen Wette, nämlich der auf das Gelingen der Eurorettung. Die Wette, die der Staat abgeschlossen hat, übertrifft die Risiken der Handelsabteilungen selbst der größten Banken um einige Zehnerpotenzen. Eine Großwette dieses Formats würde man bei einer Bank als unverantwortliches Zocken brandmarken.

Die Kapitalflucht aus den Peripherieländern nach Deutschland treibt die Steuereinnahmen durch zwei Haupteffekte nach oben. Zu einem kleinen Teil durch die Transaktionssteuern, mehrheitlich im Immobilienbereich, vor allem aber durch eine Belebung der Inlandsnachfrage mit entsprechenden Wachstumseffekten für die Gesamtwirtschaft. Diese Nachfrage speist sich aus den direkten Investitionen

und aus dem Vermögenseffekt: Die Preissteigerung bei Immobili-
en und anderen Realwerten erhöht den Vermögensstock und steigert
so die Konsumneigung. Dies erklärt, warum die deutsche Volkswirtschaft 2011 und 2012 entgegen dem europäischen Trend weiter gewachsen ist. Gleichzeitig hat der Zufluss des Geldes die Zinsen für
deutsche Staatsanleihen auf den niedrigsten Stand aller Zeiten ge-
drückt und so dem Finanzminister viele Milliarden Euro an Zinsauf-
wendungen erspart.

Leider hat die Kapitalflucht in einer Währungsunion auch eine dunk-
le Seite und die heißt Target-Salden. Und das geht im Prinzip so: Der
Kunde einer Bank, zum Beispiel in Athen, räumt sein Konto leer und
hebt von seiner Bank den Betrag von 500 000 Euro ab. Die Bank, die
sich ohnehin schon in einer Stresssituation befindet, weil ganz viele
Kunden dies tun, hat das Geld nicht, also leiht sie es sich von der griechischen Zentralbank. Die griechische Zentralbank wiederum leiht
es sich beim Eurosystem.

Bitte empören Sie sich jetzt nicht über die Kapitalflucht unseres griechischen Familienvaters. Unterstellen wir mal, dass es sich bei dem
Geld um seine Lebensersparnisse handelt und er nicht riskieren will,
das Geld zu verlieren, zumal er sich auf die Rentenzahlungen angesichts leerer Staatskassen auch nicht verlassen kann. Es ist in dieser
Lage nicht nur logisch, dass er sein Vermögen sichert, alles andere
wäre geradezu unverantwortlich.

Unser vorsichtiger Familienvater bringt also das Geld nach
Deutschland und kauft dort damit eine Immobilie. Er bezahlt die
500 000 Euro an den Verkäufer, der das Geld zu seiner Bank in
Deutschland trägt, die es dann wiederum aus Mangel an Anlageal-
ternativen auf einem Konto bei der Bundesbank anlegt. Damit haben die 500 000 Euro ihren Weg ins Eurosystem zurückgefunden.
Aber am anderen Ende.

Die Bundesbank leiht dem Eurosystem dieses Geld über den sogenannten Target-2-Mechanismus. Wirtschaftlich schuldet jetzt die griechische Zentralbank der Bundesbank die 500 000 Euro. Weil das aber ganz viele Leute so machen, hatte die Bundesbank zur Jahreswende 2012/2013 einen Forderungsbestand von über 700 Milliarden Euro an ihre Partner im Eurosystem aufgebaut. Diesem Geld standen natürlich Forderungen der Banken an die Bundesbank gegenüber.

Was glauben Sie würde passieren, wenn das Eurosystem zerbricht? Dieses verliehene Geld steht dann im Risiko. Nach den Verträgen der Eurozone haften alle Zentralbanken gemeinsam für dieses Risiko. Aber was wären diese Verträge im allgemeinen Chaos eines implodierenden Euro noch wert? Das vermag niemand zu sagen.

Da stehen die Deutschen nämlich plötzlich ganz alleine mit dem Kehrbesen in der Hand da. Na ja, das ist nicht ganz fair, die Niederländer haben auch noch eine Kehrschaufel zu halten, deren Gewicht ihre Leistungsfähigkeit wahrscheinlich um einiges übersteigt. Es handelt sich bei Target-2 eben nicht einfach um eine simple Saldenmechanik ohne wirtschaftliche Bedeutung.

Im Grunde kann man sich das am besten vorstellen, wenn man die Target-Salden als Kredite zwischen Eheleuten betrachtet. Stellen Sie sich vor, Sie leihen Ihrem Ehepartner eine Million Euro. Ihr Ehepartner hat kein eigenes Einkommen, das ausreicht, diesen Kredit zu bedienen, aber das ist egal, denn das Geld bleibt in der Familie. Das ist richtig. Aber wehe, Sie lassen sich scheiden. Dann klamüsern Sie die Verhältnisse mal so auseinander, dass Sie die Million nicht abschreiben müssen. Das kann ausgesprochen stressig werden.

Prof. Hans-Werner Sinn vom Ifo Institut hat die Details dieses Themas in seinem Buch *Die Target-Falle* sehr sauber herausgearbeitet. Wer es ganz genau wissen will, schaut am besten dort nach.

Wenn also jemand der Meinung ist, dass es ganz einfach wäre, den Euro abzuschaffen und jeden seiner Wege ziehen zu lassen, dann hat er die Rechnung ohne den Wirt gemacht. Die angestauten Risiken sind so groß, dass ein Versagen bei der Eurorettung Deutschland möglicherweise in den Abgrund des eigenen Staatsbankrotts reißt, mindestens aber wird das schöne AAA-Rating des Landes auf BB oder B+ abstürzen, mit unabsehbaren Folgen für die Finanzierungskosten der schon bestehenden Schulden.

Es lohnt sich daher durchaus, intensiv darüber nachzudenken, wie man den Euro stabilisieren kann, und das geht eigentlich nur, wenn man den dafür erforderlichen Aufwand an Social Engineering so klein hält wie möglich. Das wiederum bedeutet, dass wir keine nordeuropäische oder südeuropäische Stabilitätskultur in Reinform bekommen werden. Es bedeutet, dass wir für viele Jahre gemeinsam die Risiken des beschrittenen Weges tragen müssen, und das bedeutet, dass wir einen Weg der Reform in den südlichen Ländern finden müssen, der es nicht riskiert, dass alles in einer Welle des öffentlichen Protestes untergeht.

Eurobond statt Eurobomb

Wir brauchen gewissermaßen einen realistischen Masterplan, der uns in die Lage versetzt, die Durchschnittsverschuldung des Euroraums auf das von Maastricht vorgegebene Niveau von 60 Prozent des BSP zurückzuführen. Dieser Plan kann nur ein Schuldentilgungsplan sein, der gemeinsam entworfen, getragen und durchgezogen wird.

Wir haben sogar das Glück, dass es einen solchen Plan schon gibt. Der Sachverständigenrat zur Begutachtung der gesamtwirtschaftlichen Lage der deutschen Bundesregierung hat ihn entworfen. Ich möchte an dieser Stelle von den Details abstrahieren und werde versuchen, die wichtigsten Elemente zusammenzufassen.

Der Plan ist im Grund genommen sehr einfach. Er schlägt vor, alle Schulden der Euroländer, die über das Maastrichter Niveau von 60 Prozent hinausgehen, in einer gemeinsamen Schuldenagentur zu bündeln und auch gemeinsam für diese Schulden zu haften. Die Länder erarbeiten für ihre Anteile einen individuellen Schuldentilgungsplan, der zum Beispiel mit einer Sondersteuer finanziert wird, und tragen ihren Anteil so selbst ab. Es geht also nicht um Transfers, sondern nur um gemeinsame Haftung. Dies nivelliert die Staatsschulden der beteiligten Länder, und zwar auf einem Niveau, bei dem die Kreditmärkte eine gute Schuldentragfähigkeit unterstellen. Damit wird das Zinsniveau für die verbleibenden Schulden niedrig und gut finanzierbar gehalten und die Gefahr von »spekulativen Angriffen« vermindert.

Ganz einfach eigentlich, möchte man meinen.

Aber nichts da. Das sind Eurobonds im neuen Gewande. Und Eurobonds, das hat uns die Debatte der letzten vier Jahre ja gezeigt, sind Teufelszeug. Und wie man für sie eintreten kann, wenn man marktwirtschaftliche Freiheit vertritt, dass kann jetzt der eine oder andere treue Leser gar nicht nachvollziehen.

Gemach. Ja, das Konzept ist ökonomisch äquivalent mit Eurobonds. Allerdings soll es hier auch nicht unverändert vorgeschlagen werden. Es bildet ein gutes Gerüst, aber man kann es durch leichte Modifikationen so verändern, dass es dem marktwirtschaftlichen Ideal näher kommt.

Die europäischen Länder sitzen auf enormen staatlichen Vermögenswerten. Häfen, Flughäfen, Straßen, Autobahnen, Energieversorgungsnetze, Wasserversorgung, Eisenbahnen, Stadtwerke, Immobilien, Industrie- und Bankbeteiligungen, die Liste ist endlos. Wie in Griechenland haben auch viele andere Länder nur einen rudimentären Überblick darüber, was ihnen eigentlich gehört. Trotzdem gibt es Schätzungen, die jedem Privatisierungs-Aficionado das Wasser im Munde zusammenlaufen lassen. Allein für Italien kommen da über 1000 Milliarden Euro zusammen. Es gibt kaum ein Euroland, in welchem es nicht mindestens ein paar hundert Milliarden sind.

Aufsummiert lässt sich damit ein nicht unwesentlicher Teil, vielleicht sogar der gesamte Betrag des Schuldentilgungsfonds, den die fünf Weisen vorgeschlagen haben, besichern. Und eine besicherte Einrichtung, verehrter Leser, ist etwas ganz anderes als die unbesicherte Risikoübernahme durch mehr oder minder nur ein Land im Klub, nämlich Deutschland. Diese Institution wäre dann kein Schuldentilgungsfonds mehr, sondern ein Schuldentilgungs- und Privatisierungsfond der Europäischen Union. Betriebswirtschaftlich betrachtet ist das ein Debt-for-Equity-Swap. Und für die Nordeuropäer könnte es sich als der einzige Weg erweisen, ihre sauer verdienten Ersparnisse zu retten.

Eine europäische Privatisierungsagentur

Die daraus resultierende radikale Verkleinerung des staatlichen Sektors würde dem Kontinent einen ungeahnten Wachstumsschub geben. Die Lasten der Konsolidierung würden auf diese Weise auch sehr viel fairer verteilt. Im Moment trägt der »kleine Mann« alle Lasten über Kürzungen von Renten, bei den Sozialleistungen, bei Bildungseinrichtungen und im Gesundheitswesen.

Die Privatisierung hingegen verlangt einen Beitrag von denen, die bisher ihre Vorteile aus dem Staatsschatz gezogen haben, oft ohne adäquate Kontrolle, bei niedriger Produktivität und maximaler Ausnutzung einer Rentennische. Das sind oft genug Leute, die Sie nicht in Ihre Küche lassen sollten, denn dort saugen sie sich unverzüglich am Kühlschrank fest und gehen nie mehr weg. Nur dass der Kühlschrank, über den wir hier reden, sehr viel größer ist, selbst wenn Sie so ein Doppeltür-Monster in Ihrer Profiküche Ihr Eigen nennen.

Alleine die Produktivitätssteigerung dieser Anlagen durch professionelles privates Management könnte einige Prozent jährliche Wirtschaftsleistung in der EU hinzufügen.

Schon höre ich wieder das Gemurmel der alten Stamokap-Suppenkasper: »Nein, meine Suppe ess ich nicht, ich esse meine Suppe nicht.« Diese Leute sollten sich fragen, wem das ausufernde Portfolio von Staatsvermögen wirklich nutzt. Die kleinen Leute sind es nicht. Es ist die Vetternwirtschaft, die sich dort verschanzt hat und ihre Pfründe verteidigt. Das schafft sie auch hervorragend, denn wer nicht so viel arbeiten muss, der hat mehr Zeit für politische Lobbyarbeit, zumal die Mittel für solche Propaganda auch noch aus dem Staatsvermögen ganz legal abgezweigt werden können.

Und wer da meint, das geht nicht, das ist politisch nicht durchsetzbar, der muss sich angesichts der unausweichlichen Saldenmechanik des Währungsraums über eines im Klaren sein: Entweder man findet eine alternative Lösung (und das Totsparen der Südländer ist ganz sicher keine solche) oder man findet, dass der Tod der Währungsunion mit allen katastrophalen Konsequenzen auch für Deutschland politisch eher akzeptabel ist als eine Lösung, die Solidarität und Freiheit miteinander verbindet.

Kapitel 4
Die sieben Todsünden gegen die Freiheit

>*»Freiheit kann nicht ohne Moral errichtet werden,*
>*und Moral nicht ohne Glauben.«*
>Alexis de Tocqueville

>*»Wohin ist Gott? Was haben wir gemacht? Haben wir denn das Meer*
>*ausgetrunken? Was war das für ein Schwamm, mit dem wir den*
>*ganzen Horizont um uns auslöschten? Wie brachten wir dies zustande,*
>*diese ewige feste Linie wegzuwischen, auf die bisher alle Linien und*
>*Maße sich zurückbezogen, nach der bisher alle Baumeister des Lebens*
>*bauten, ohne die es überhaupt keine Perspektive, keine Ordnung, keine*
>*Baukunst zu geben schien?«*
>Friedrich Nietzsche

Wer die dankenswerte Geduld aufgebracht hat, meinen Ausführungen bis hierher zu folgen, konnte – so hoffe ich – seine Perspektive auf die Ereignisse der letzten Jahre einigermaßen fundiert erweitern, und zwar selbst dann, wenn er im Ganzen oder in Teilen andere Schlussfolgerungen ziehen mag, als die in diesem Buch frech und frei insinuierten.

Wenn wir unsere Aufmerksamkeit nunmehr den »sieben Todsünden« zuwenden, so geschieht dies nicht mit dem Hintergedanken, das ökonomisch-politische Desaster der letzten Jahre mit Moralin zu übertünchen. Vielmehr geht es um die Frage, welcher Motivation das Verhalten einer in weiten Teilen nicht so wie erhofft funktionierenden Elite, aber auch des anderen großen Akteurs, des »Demos«, der

Masse, entspringt. Die sieben Todsünden sind schlicht Teil der Nutzenfunktion aller Beteiligten, aber in unterschiedlicher Weise.

Elite und Elitenversagen

Zurückkehrend zum Prolog, erinnern Sie sich sicher daran, dass die von wenig ökonomischer Rationalität und einem Fehlen des freiheitlichen Instinkts gekennzeichneten Verhaltensweisen sowohl in den Führungsetagen unserer Finanzwirtschaft als auch in der Politik unter dem Ausdruck »Elitenversagen« subsumiert worden sind.

Der Begriff der Elite ist seit dem 2. Weltkrieg einer der meist kritisierten. Man mag Elite nicht, richtet aber zugleich einen Erwartungsdruck der Unfehlbarkeit an sie. Das ist eigentlich eine Schizophrenie. Nun, den Erwartungsdruck konnten wir in den letzten drei Kapiteln hoffentlich etwas reduzieren.

Interessant war auch, dass es im Zuge der 68er-Bewegung eine allgemeine Hatz auf das Konzept der Elite schlechthin gab, und das, obwohl der ganze Leninismus (ein wichtiger Impulsgeber der 68er) als Idee darauf beruhte, dass eine revolutionäre Elite die Arbeiterschaft zur Sonne, zur Freiheit (eine andere Art von Freiheit war da wohl gemeint) führen sollte. Ein Konzept, das später in einer verkrusteten und gerontokratischen Nomenklatura der Sowjetunion kondensierte und abstarb.

Es mag nun vielleicht überraschen, dass ausgerechnet ein selbst ernannter Verfechter der Freiheit das Konzept der Elite hervorkramt. Das ist auch ein wenig paradox. Denn ich muss zugeben, dass die These eines Elitenversagens zwei Annahmen unterstellt, die wir am Eingang dieses Buches nicht ausdrücklich erwähnt finden. Nämlich erstens: Es gibt eine Elite, und sie trifft Entscheidungen von großer Tragweite für uns alle; und zweitens: Wenn diese Elite versagt, dann ist das für den Wohlstand, die Freiheit und unsere Zukunft fatal. Das ist auch ganz und gar unabhängig von der Frage, ob wir Elite als Konzept gutheißen oder nicht.

Daraus folgt zwingend, dass wir leider eine Elite brauchen, die nach Möglichkeit nicht versagt. Der Angelsachse würde jetzt sagen: "My dear, that is a tall order." Ja, da hat er recht. Denn die historische Kette des Elitenversagens in Europa ist mittlerweile ziemlich lang und scheint Teil eines historischen Trends zu sein.

Es gab aber auch Eliten, die gegen alle Widrigkeiten die in sie gesetzten hohen Erwartungen erfüllten. Es ist sicher konsensfähig, wenn ich hier zum Beispiel die politische Führung Großbritanniens im Zweiten Weltkrieg unter Premier Winston Churchill oder die Väter der europäischen Einigung wie zum Beispiel General de Gaulle, Schumann, Adenauer und De Gasperi nenne.

Diese Leute hätten den Euro gewollt, höre ich den kritischen Leser sagen. Das stimmt wahrscheinlich, aber sie waren auch Realisten. Sie hätten wahrscheinlich gründlicher über die besten Erfolgsbedingungen nachgedacht.

Eliten machen Gesellschaften erfolgreich oder führen sie in den Untergang. Die Kernfrage ist, wie muss eine Elite beschaffen sein, die Ersteres tut?

Sie braucht ein Wertegerüst, in dessen Mittelpunkt das Menschenrecht steht und damit die Freiheit und das, was die US-Verfassung in einem unsterblichen Satz als das Recht auf Streben nach Glück bezeichnet hat.

Sie braucht aber auch Klarheit über die Gefahren, die eine erfolgreiche Gesellschaft von innen aushöhlen und schwächen können.

Unseren Eliten fehlt im Moment beides. Der Einsatz für die Freiheit ist einerseits eine Frage des intellektuellen Einsehens, aber andererseits auch eine Frage des inneren Instinkts. Wie sehr dieser Instinkt an vielen Schaltstellen der ökonomischen und politischen Macht abhanden gekommen ist, konnte der aufmerksame Leser der Beschreibung der Krisen in diesem Buch entnehmen, wenn es ihm nicht schon vorher klar war.

Das Sensorium für die Gefahren fehlt ebenso. Da mag vielleicht ein deutscher Minister mal von spätrömischer Dekadenz schwadronieren (dem Mann war offenbar nicht klar, dass das weströmische Reich etwa 20 Mal so lange existierte wie die Bundesrepublik Deutschland und das oströmische sogar noch weitere 20 Mal so lange), und da mögen die Feuilletonisten kultivierter Tages- und Wochenzeitungen den Verlust von Werten beklagen, aber die Frage, welche Zutat denn nun wirklich fehlt, damit die Elite wieder Elite ist, die ist politisch nicht erwünscht.

Bemerkenswerterweise stellt man sich zurzeit diese Frage in einem Land wie China andauernd. Wie sonst könnte man es erklären, dass man das Vakuum der Werte, das der Kommunismus maoistischer Prägung hinterlassen hat, systematisch mit fein auf den Alleinherrschaftsanspruch der Partei zugeschnittenen Versatzstücken des Konfuzianismus anzufüllen versucht und damit die Partei zugleich einer epochalen Charaktertransformation unterzieht. Die Brücke zwischen der sinnentleerten Vergangenheit und der wertedefinierten Zukunft ist dabei der unbedingte Wille zur Macht.

Man wird sehen, ob diese Brücke ausreicht, um den Abgrund zu überqueren.

Dabei weiß die Führung, dass ein Verharren in den alten, sinnentleerten Mustern den Untergang der Partei bedeuten würde. Man weiß auch, dass es nicht sicher ist, ob die Transformation gelingt. Aber man versucht wenigstens, der Elite ein neues Wertekorsett zu schneidern.

Auch in Europa leiden wir unter einem entleerten und defizitären Wertegerüst.

Welches sind nun die Faktoren, die die Stabilität und die Zukunft unserer Gesellschaftsordnung gefährden? Die Gefahren liegen in den Schwächen des Individuums, seiner Verwundbarkeit für Verführung, und, um es mit einem ganz und gar altmodischen Begriff zu beschreiben: seiner Empfänglichkeit für die Sünde.

Es ist nicht en vogue, sich damit auseinanderzusetzen, dass es so ein Konzept wie Sünde überhaupt gibt. Das riecht nach Muff und Moder. Das entspricht nicht dem Zeitgeist. Der Zeitgeist hat aber seinen Anteil daran, dass die Lage so ist, wie sie ist. Wenn wir uns seinen Forderungen beugen, werden wir wahrscheinlich nur unzureichende Lösungen für unsere Probleme finden.

Die sieben Todsünden als ökonomische Triebfedern

Das europäische Mittelalter war keine freie Gesellschaft, sah man von der Freiheit der Fürsten ab. Aber es war eine Epoche sich entfaltender philosophischer Konzepte, die es in ihrer Substanz zum Teil bis in die Aufklärung geschafft haben. Kants Kritik der reinen Vernunft wäre wahrscheinlich ohne sie nicht denkbar, wenngleich ich nicht den Anspruch erheben kann, auch nur ein Tausendstel der Gedanken dieses Titanen verstanden zu haben.

Kant war sich über die Empfänglichkeit des freien Menschen für die Anfechtungen seiner Ethik und Integrität im Klaren und entwickelte aus dieser Erkenntnis das Konzept des kategorischen Imperativs: »Handle nur nach derjenigen Maxime, durch die du zugleich wollen kannst, dass sie ein allgemeines Gesetz werde.« Die moderne Variante, die mal ein Partner bei einer sehr respektierten Unternehmensberatung formuliert hat, lautete: »Tue nichts, was du nicht auf Seite eins der *Financial Times* lesen möchtest, wenn es bekannt wird.« Ja, so kann man das auch ausdrücken.

Was sind diese Anfechtungen? Welches alte Konzept greift hier? Eine Möglichkeit sind die »sieben Todsünden« der mittelalterlichen Theologie: Superbia, Avaritia, Luxuria, Ira, Gula, Invidia und Acedia, gemeinhin übersetzt mit Eitelkeit, Gier, Begehren, Zorn, Maßlosigkeit, Neid und Trägheit.

Wir werden jedoch gleich sehen, dass die lateinischen Begriffe, die hier Verwendung finden, auch noch weitere Bedeutungen haben, und es ist sicher kein Zufall, dass uns diese erweiterten Begrifflichkeiten Einsichten vermitteln über die größere Natur der diesen Versuchungen innewohnenden gesellschaftlichen und individuellen Dämonen.

So bedeutet zum Beispiel Superbia nicht nur Eitelkeit, sondern in seiner Hauptbedeutung eigentlich Hochmut und Arroganz. Eitelkeit selbst kann auch mit einen alternativen lateinischen Begriff, nämlich Vanitas, umschrieben werden, der zugleich für Leere steht. Es ist die Leere, die mit dem Auftreten übertüncht werden soll, ob nun eitel oder arrogant. Ganz ähnliche Verknüpfungen sehen wir auch bei den sechs anderen Todsünden.

Wenn Sie, geschätzter Leser, die letzten knapp 170 Seiten rekapitulieren, werden Sie feststellen, dass diese Versuchungen hervorragende Motive für eine nicht geringe Anzahl der handelnden Akteure dieses Dramas namens Finanzkrise darstellen. Und deswegen erlaube ich mir an dieser Stelle die Frage zu stellen, welche ökonomischen Verhaltensweisen mit diesen »sieben Todsünden« verbunden sind. Welche Triebfeder stellen sie dar? Wird unsere Sicht der Wirtschaftstheorie und der politischen Ökonomie vollständiger, wenn wir sie berücksichtigen? Ich denke, dass das der Fall ist.

Deswegen ist ihr Verständnis hilfreich (um es in der Wortwahl der Kanzlerin zu formulieren) bei der Beantwortung der Frage, wogegen sich eine erfolgreiche Elite wappnen muss, wenn sie gewillt ist, ein freiheitliches Gemeinwesen zu verteidigen. Fangen wir also an.

Superbia – Eitelkeit

Der lateinische Begriff Superbia hat neben Eitelkeit (auch »vanitas«) wie schon ausgeführt noch eine andere Bedeutung: Hochmut, Arroganz. Wenn die Politik die selbst auferlegten Regeln abschafft, wenn Regelbruch zur Norm wird und jedes Versprechen und gemachte Zusagen nach kürzester Zeit Makulatur sind, dann ist diese Aushöhlung des Rechtsstaats der Ausfluss einer Arroganz der Macht.

Diese Arroganz der Macht hat ihre Quelle in einem offensichtlichen und – erstaunlicherweise zunehmend auch von den Parteien so gesehenen – Demokratiedefizit auf europäischer Ebene. Es ist die unkontrollierte Macht, die korrumpiert und so zur Arroganz verleitet. Ergänzt wird dieses Demokratiedefizit durch die intellektuelle Resignation und die damit einhergehende Selbstkastration einiger Parlamente. Die Mehrzahl der Abgeordneten hat es aufgegeben, auch nur den Versuch zu unternehmen, die Entscheidungen, über die sie im Rahmen der Krisenbewältigung abstimmt, zu verstehen.

Symptomatisch dafür war die Abstimmung über den ESM, bei der aufgrund der von der Exekutive postulierten Eilbedürftigkeit der Entscheidung den Abgeordneten nur wenige Stunden Zeit eingeräumt wurde, um die zu spät vorgelegten Unterlagen zu lesen und sich über die Implikationen zu informieren. Als dann auf Antrag einer winzigen Minderheit der Abgeordneten das Bundesverfassungsgericht die Vorlage wochenlang auf Eis legte, passierte gar nichts. Die Eilbedürftigkeit war in Wahrheit gar nicht real.

Man fragt sich, warum die Vertreter der Exekutive, voran der Finanzminister, nicht einmal rot werden, wenn die von ihnen zur Aushebelung einer angemessenen parlamentarischen Debatte vorgetäuschte Dringlichkeit als Schimäre enttarnt wird.

Da ist es auch kein Trost, dass das Bundesverfassungsgericht das Thema in seiner Substanz hat durchgehen lassen – bei der Einhaltung der parlamentarischen Beratungspflichten war es weniger tolerant. Wer als Exekutive so handelt, darf sich nicht wundern, wenn ihm Machtversessenheit und Arroganz der Macht zum Vorwurf gemacht werden.

Was ist mit der Eitelkeit im engeren Sinne?

»Eitelkeit! Eindeutig meine Lieblingssünde!« Mit geübtem diabolischem Grinsen im Gesicht spricht Al Pacino diesen Satz in seiner Rolle als Teufel und Seniorpartner einer Anwaltskanzlei in dem Film *Des Teufels Advokat*.

Wenn man jemanden dazu bringen will, etwas zu tun, was er normalerweise aus ethischen Gründen oder weil es für ihn nicht wirklich vorteilhaft ist, ablehnen würde, dann ist der Appell an seine Eitelkeit eine der erfolgversprechendsten Strategien. Macht und Eitelkeit sprechen wohl im Gehirn die gleichen Belohnungsmechanismen an.

Gehen Sie mal durch die Vorstandsetage einer Bank und begutachten Sie die Erzeugnisse aus den Häusern Armani, Brioni und was da sonst noch so auf -ni endet. Da können Sie einen Haufen Anzüge finden, die bleiben auch noch aufrecht stehen, wenn sie sich den Träger wegdenken. Fairerweise gibt der Autor zu, dass auch er im Berufsleben diese Art Arbeitskleidung trägt. Die Eitelkeit ist eine notwendige Zutat des Erfolgs bzw. der Akzeptanz.

Gucci scheidet hier allerdings aus, das ist für die 15-jährigen Töchter im Pubertätskaufrausch. Haben wir ja schon drüber gesprochen.

Avaritia – Gier

»Gier ist gut, Gier klärt die Dinge.« Wer könnte sich nicht an die berühmten Worte von Michael Douglas alias »Gordon Gekko« in dem Film *Wall Street* erinnern, der für eine ganze Generation von Kids die Wahrnehmung des Investmentbanking und des Börsenhypes geprägt hat. Der Spekulant Marke einsamer Wolf (»Wenn du einen Freund brauchst, kauf dir einen Hund!«) wurde als heimlicher Held verkauft, auch wenn ihn am Ende der Verrat und die Gerechtigkeit in Gestalt der Börsenaufsicht ereilt.

Damals dachte man noch, der Insiderhandel mit Aktien wäre der Gipfel der Gier. Nicht zufällig waren es die Michael Milkens (Junk-Bond-König) und Ivan Boeskys (»Ivan der Schreckliche«) der Zeit, die dieser Form der Bereicherung zulasten der ehrlichen Anleger ein Gesicht gaben. Da wurde mal eine Aktie ein paar Dollar rauf oder runter manipuliert, um dem »corporate raider« ein paar Millionen auf das Konto zu spülen.

Über solches Kleingeld können die Gierigen von heute nur lachen. Heute drehen wir mit dem Rad der Gier Räder, die größer sind. Zinssätze, die den Pulsschlag des weltweiten Kapitalmarktes bestimmen, werden manipuliert, um Summen zu verdienen, die um ein oder zwei Zehnerpotenzen über den wildesten Träumen von Gordon Gekko liegen. Und wenn uns die Gier der kleinen Asset Manager und die Fantasielosigkeit der Kreditersatz suchenden Banker das erlaubt, dann erzeugen wir eine Blase von den epochalen Ausmaßen der Hypothekenverbriefung in den USA.

Gier gehört zu den stärksten Triebfedern des Handelns der wirtschaftlichen Akteure. Warum? Weil Geld kondensierte Wünsche darstellt. Mit Geld werden all die anderen großen und kleinen Begierden, ob sündig oder koscher, in greifbare Nähe gerückt. Mögen die Mikroökonomen vom abnehmenden Grenznutzen des Geldes reden. Die Könige des LIBOR wissen es besser. Geld ist Macht, und davon kann man bekanntlich nie genug haben.

Bemerkenswert ist übrigens, dass der lateinische Begriff Avaritia auch für Geiz steht. Geiz ist ja bekanntlich geil. Besser ist es daher, wenn wir uns darüber im Klaren sind, dass wir alle für die Avaritia anfällig sind.

Luxuria – Begehren, Wollust

Luxuria, das klingt mehr wie ein Ort, als eine Neigung. Begehren, Ausschweifung, Luxus sind an diesem Ort zu Hause. Die Hersteller von Luxusartikeln sagen – nicht ganz zu unrecht –, dass es der Luxus ist, der überhaupt den technischen Fortschritt antreibt. Das stimmt jedenfalls für Konsumgüter, besonders für teure Autos und andere hochtechnologische Spielsachen. Der andere Vater aller Dinge, das wussten schon die alten Griechen und Römer, ist der Krieg.

Die größte Ausschweifung in der Welt der Hochfinanz – wie übrigens auch der Politik – ist aber nicht das Ansammeln teurer vierrädriger und zweibeiniger »Spielzeuge«; auch nicht die Jacht oder der Jet oder der fünfte Wohnsitz. Es ist das Kokain.

Kokain ist eine Multimilliarden-Industrie. Kokain hat interessante Eigenschaften, und wie verbreitet es ist, können Sie daran erkennen, dass es praktisch keinen Geldschein mehr gibt, der nicht mit Spuren von Kokain kontaminiert ist. Kokain verseucht das Abwasser überall dort, wo viel Geld zirkuliert. Es gibt seinen Konsumenten das Gefühl, die Herren des Universums zu sein, und es erhöht nicht nur die Bereitschaft zu beruflichen Höchstleistungen, indem es die Müdigkeit unterdrückt, sondern es senkt auch die Risikoaversion, bis die Grenze von Risikoneigung und Waghalsigkeit verschwimmt.

Menschen, die »Schnee räumen«, strotzen vor Selbstbewusstsein, sie dulden keinen Widerspruch, sie gehen Risiken ein, die sie bei klarem Verstand nicht eingehen würden. Sie gebärden sich als Alphatierchen par excellence. Wenn die Wirkung der Droge nachlässt, fallen sie dafür in ein Loch der Depression, welches all diese Dinge komplett auf den Kopf stellt. Der Fels auf Atlas Schultern wird plötzlich wirklich so schwer wie die Säulen der Erde, und er wird entweder eine neue Dosis der Droge brauchen oder aus den Risiken flüchten, die er gerade noch eingegangen ist, als könnte er übers Wasser wandeln.

Und nun raten sie mal, in welchen Büros diese teure Droge am meisten konsumiert wird. Ja, genau, dort wo auch Geld in Hülle und Fülle in Form unendlicher Boni auf die Adepten der Unersättlichkeit herabregnet. Es wäre wahrscheinlich wirklich interessant, einmal die Entwicklung der Kapitalmärkte mit dem schwankenden Preis des weißen Pulvers zu vergleichen und nach Ursache-Wirkung-Zusammenhängen zu forschen. Ich wage die Prognose, dass man da fündig würde.

Was das mit Freiheit zu tun hat? Ganz einfach: Wer sich um den Verstand kokst, ist nicht frei. Er wird zum Sklaven eines immer größeren spekulativen Rades, das mit dem Geld anderer Leute befeuert wird und das er drehen muss. Dieses Rad wird umso größer sein, je höher der Betreffende aufgestiegen ist oder je größer sein Handelslimit ist. Wenn dieses Rad bei seinem Kollaps groß genug ist, wird es Empörung, Zorn und Neid säen – die Feinde der Freiheit schlechthin.

Ira – Zorn

Der Zorn ist, das ist eigentlich gar nicht so überraschend, nicht die Sünde der Elite. Er ist die Sünde der Masse, und das hat sie mit dem Neid gemein. Aber zu ihm kommen wir gleich. Der Zorn ist der Ausdruck der Ohnmacht. Er ist verständlich, wenn man bedenkt, dass es dem »kleinen Mann auf der Straße« auferlegt ist, durch Verzicht in Form von Steuererhöhungen, Rentenkürzungen, Einschnitten im Gesundheits- und Bildungswesen und vielem mehr die Zeche der Kokainparty zu bezahlen und die Banken zu retten, weil sie es geschafft haben, dank ihrer Größe unentbehrlich zu werden.

Der Zorn ist aber kein guter Ratgeber. Zorn ist der fruchtbare Boden der politischen Verführung durch all die, die zwar mit dem Finger (zu Recht) auf die Missstände zeigen, die aber keine echten Lösungen anbieten, sondern die Gelegenheit nutzen, mit ihren populistischen Vorschlägen im Trüben zu fischen. Sie nutzen den geringen Informationsgrad der Mehrheit, um Zorn zu konvertieren in Neid. Zorn ist das Mittel der politischen Polarisierung. Es gab ihn zu allen Zeiten. Zu einer Gefahr für die Freiheit wird er erst dann, wenn er Gründe hat, die man leider als berechtigt bezeichnen muss.

Es ist die Aufgabe der Eliten dafür zu sorgen, dass dieser Zorn keine Berechtigung hat, jedenfalls nicht in dem Maße, wie das zurzeit der Fall ist.

Nicht umsonst gab es in den letzten Jahren eine Diskussion darum, wie viel Rettung die Demokratie aushält. Überlebt unsere politische und gesellschaftliche Ordnung, wenn ihr so eine Rechnung – oder vielleicht eine noch höhere – in den nächsten Jahren ein weiteres Mal präsentiert wird? Das kann man nur hoffen, denn ohne eine Kurskorrektur ist es ziemlich wahrscheinlich, dass das passiert. Die Fischer im Trüben, an den bekannten extremen Enden des politischen Spektrums, stehen schon bereit und warten darauf.

Leider haben es die Parteien nicht vermocht, ihnen bisher den Wind aus den Segeln zu nehmen. Das hat eine ganz einfache Ursache: Weil sie im Wahlkampf mit der gleichen verkürzten Logik zu punkten versuchen wie die extreme Linke oder die populistische Rechte. Damit machen sie deren Scheinargumente nur populärer und untergraben die Prinzipien der freiheitlichen Ordnung, ohne es überhaupt selbst zu bemerken.

Das fängt schon bei der Sprache an. Hätte die Sozialdemokratie wirklich – mal abgesehen davon, dass der Spruch von einer Zeitarbeitsfirma kopiert war – den Wahlspruch »Das Wir entscheidet« gewählt, wenn jemand sie daran erinnert hätte, was Ludwig Erhard zum »wir« zu sagen wusste? Zitat: »Freiheit ist mit Kollektivismus nicht zu vereinbaren. Wollt ihr wirklich die Freiheit aufgeben? Wollt ihr, dass allein das Wir entscheidet?«

»Das Wir« ist ein Kollektiv, die Masse. Für die Gemeinschaft trägt der einzelne eine Mitverantwortung, aber er ist ihr nicht untergeordnet, denn das Wir ist eben leicht in eine Aufwallung des Zorns zu versetzen – mit unkontrollierbaren Folgen. Insbesondere bei enttäuschter

Liebe wallt das jakobinische Blut auf; ein bekannter Fußballmanager kann ein Lied davon singen.

Gula – Maßlosigkeit

Maßlosigkeit ist das Gegenteil von Maßhalten (nicht eine Maß halten, wir sind hier nicht auf dem Oktoberfest). Maßhalten war einer der Lieblingsbegriffe von Ludwig Erhard, dem Vater der sozialen Marktwirtschaft in Deutschland.

Man kann ja allenthalben lesen, dass Funktionäre der Partei »Die Linke«, die sich überwunden haben, Ludwig Erhard zu lesen, es jetzt eine tolle Idee finden, den Mann für die Verbrämung der eigenen intellektuellen Diarrhö zu vereinnahmen und den Leuten allen Ernstes erzählen, dass Erhard mit seinen Überzeugungen heute ein Linker wäre.

Wenn Sie ein Beispiel für Maßlosigkeit gebraucht haben, hier ist es, jedenfalls wenn es um die Selbstüberschätzung der eigenen Ideologie geht.

Was Erhard natürlich in Wahrheit mit Maßhalten meinte, war, dass die Sozialpartner, egal ob Tarifparteien oder Empfänger staatlicher Leistungen und Transfers, die Leistungsfähigkeit der Wirschaft und damit des Gemeinwesens nicht überdehnen sollen. Nicht Maß zu halten, erzeugt genau jene Friktionskosten, die in einigen Volkswirtschaften dann über den Weg der Geldentwertung ausgeglichen werden müssen.

Auch wenn man das für einen gangbaren Weg halten mag, weil Länder wie schon beschrieben ihren eigenen Mentalitäten in gewisser Weise verbunden sind, muss man diese Maßlosigkeit deshalb nicht für eine gute Sache halten. Denn eines ist auch klar: Der Ausgleich über die Geldentwertung führt zu Umverteilung im Wege eines enteignungsgleichen Eingriffs. Es ist nicht klar, dass diejenigen, die diese Zeche bezahlen, auch die Gleichen sind, die vorher von dem System profitiert haben. Es ist sogar sehr unwahrscheinlich, dass das so ist. Diese Umverteilung trifft meist die Schwächsten und ist daher unsozial.

Erhard war deshalb der Auffassung, dass »die soziale Marktwirtschaft ohne eine konsequente Politik der Preisstabilität nicht denkbar« ist. Was heißt das? Eine Marktwirtschaft ist möglich, aber sozial wird sie nicht sein, weil die den Schwachen wegnimmt und den Starken gibt. Das sollte »food for thought« sein, vor allem für unsere Kollegen vom Agitprop.

Invidia – Neid

Sie wissen natürlich, was jetzt kommt. Und ich werde Sie auf keinen Fall enttäuschen. Der Neid ist die Sünde der Zersetzung der Freiheit schlechthin. Im Türkischen gibt es ein Sprichwort:»Der Neid ist wie Essig, der sein Gefäß von innen zerfrisst.« Diese ätzende Eigenschaft hat er beim Thema Freiheit und Marktwirtschaft völlig ungebremst.

Wie wir beim Kapitel Boni gesehen haben, korrespondiert der Neid als eine typische Sünde der Masse auf der einen Seite mit der Gier und Maßlosigkeit einer von ihrer Verantwortung entfesselten Elite auf der anderen Seite.

Wenn er sich nur gegen die Auswüchse richten würde, so wäre schwerlich etwas dagegen einzuwenden. Das ist aber nicht der Fall. Der Neid unterscheidet nicht zwischen dem Ergebnis von Leistung und der Bereicherung durch Betrug, Diebstahl und Risikoabwälzung auf das Gemeinwesen. Das erklärt auch, warum sich die politische und mediale Diskussion mit dem Einkommen des ohne Frage höchst erfolgreichen und pflichtbewussten Vorstandsvorsitzenden einer bekannten norddeutschen Automarke mehr als zehnmal so intensiv und kritisch befasst als mit dem im Vergleich zu diesem Einkommen mehr als viermal so hohen Bonus des weithin unbekannten LIBOR-Händlers einer Großbank, dessen Einkommen wohl kaum das Ergebnis der gleichen Pflichterfüllung und Wertschaffung für seine Aktionäre gewesen sein dürfte.

Jetzt werden einige wohlmeinende Leute sagen: Mein Lieber, es ist kaum denkbar, dass die Leistung eines einzelnen Menschen in einem Jahr zehn oder gar zwanzig Millionen Euro wert ist. Dem halte ich entgegen, dass das sehr wohl denkbar ist. Man erkennt es daran, dass gut geführte Unternehmen Wert schaffen und schlecht geführte Unternehmen Wert zerstören. Sie tun das in einem sehr weit über diese Zahlen hinausgehenden Maß.

Oder wollen wir es gleichsetzen, wenn ein Unternehmen zehn Milliarden Euro Gewinn oder zehn Milliarden Euro Verlust macht? Es ist nun mal eine Tatsache dass die Spezies Manager, die nachhaltig und erfolgreich den Unternehmenswert weit über dem Durchschnitt steigern kann, eine rare ist.

Allerdings hat die bereits im Vorwort erwähnte Abtrennung des Managements vieler Unternehmen von der Kontrolle durch seine Eigentümer dazu geführt, dass dieses Prinzip eines hohen Einkommens als Lohn für hohe Wertschaffung zugunsten der Eigentümer nicht mehr ordentlich und konsistent umgesetzt wird. In diesem Zusammenhang ist es aber ausgerechnet wieder einmal die staatliche Bürokratie, die sich da erst jüngst nicht gerade mit Ruhm bekleckert hat.

Wie sonst könnte man es interpretieren, dass der Vorstand einer Bank, die unter seiner Führung nur einen Jahresüberschuss von wenigen Millionen Euro erwirtschaftet hat, doppelt so viel verdient wie die ganze Bank? Und wie findet man es, dass der größte Aktionär, der Staat, diesem Vorstand gegen die durchaus nicht unbegründete Revolte seiner privaten Aktionäre die Stange hält und ihn davor schützt, in die Wüste geschickt zu werden, nachdem er es geschafft hat, seit seinem Amtsantritt über 95 Prozent des Aktionärsvermögens durch strategische Fehlentscheidungen erster Klasse zu vernichten?

Dieses Versagen kann er auch nicht auf die Finanzkrise schieben, denn andere Banken waren unter den gleichen Bedingungen keine derartigen Katastrophen-Investitionen. Viele haben Geld verloren, aber 95 Prozent ist rekordverdächtig. Und seit dieser denkwürdigen Hauptversammlung hat man es geschafft, vom Rest noch mal über 20 Prozent zu verjubeln.

Hätte dieser Vorstand Rückgrat, würde er die Aktionäre bitten, ihn von seinen Pflichten zu entbinden. Sollte dieser unwahrscheinliche Fall je eintreten, darf man erwarten, dass der Aktienkurs sofort einen Satz nach oben macht.

Es gibt kein Recht auf Neid. Es gibt ein Recht auf den Aufstand enteigneter und entmündigter Aktionäre. Die Stärkung der Kontrolle durch die Eigentümer, die Aktionäre, ist die beste Antwort auf diesen Missbrauch und damit auf den Neid. Das ist aber nicht bequem für das Management.

Der Neid untergräbt dagegen die Grundlagen der Leistungsgesellschaft und damit die Fundamente des Wohlstands. Wer ihn instrumentalisiert, im politischen oder sozialen Leben, muss wissen, dass er einen Instinkt in der Masse weckt, der auch dann nicht Halt machen wird, wenn es schon lange keine Leistungsträger mehr ins Land zieht. Dann wird sich der Neid an anderen, nur vermeintlich besser Gestellten vergreifen. So schreitet der Neid die Treppe der Einkommensstufen hinab, bis ganz unten nur noch das Elend gleich verteilt werden kann.

Acedia – Trägheit

Der lateinische Begriff Acedia ist ein besonders schillernder, denn er kann wesentlich mehr bedeuten als Trägheit. Es erschließt sich leicht und ohne intellektuelle Anstrengung, dass Trägheit keinen Wohlstand schafft, Arbeit hingegen tut das. Es gibt natürlich die Theorie, dass Faulheit der Motor oder ein Motor des technischen Fortschritts ist. Man erfindet das Auto, weil man zu faul ist zu laufen. Aber dann braucht es immer noch einen fleißigen Ingenieur. Ist diese Art der Faulheit aber eine unmittelbare Bedrohung der Freiheit? Kaum.

Es gab bei den letzten Bundestagswahlen mal eine Partei, die postulierte, dafür zu stehen, die »Bedürftigen vor den Faulen« zu schützen. Hier kommen wir der Sache schon näher. Marktwirtschaft ist seit Walter Eucken und Ludwig Erhard sozial. Die Freiburger Schule hatte Mitte des 20. Jahrhunderts erkannt, dass soziale Stabilität und sozialer Ausgleich notwendige Voraussetzungen für das Funktionieren marktwirtschaftlicher Mechanismen sind.

Das war in gewisser Weise eine Bändigung des Raubtierkapitalismus. Das soziale Element ist immer auch eines der Umverteilung und zwar vor allem zugunsten derer, die unverschuldet in Not geraten sind. Dieses System kann aber entgleisen, es kann gekidnappt werden von Selbstbedienungsmentalität und Faulheit. Und diese Entgleisung ist weniger ein Diebstahl an den »Reichen«, die in das System einzahlen, als vielmehr an den Armen, die wirklich darauf angewiesen sind, weil für sie weniger übrig bleibt.

Ein so aus dem Ruder gelaufenes Sozialsystem war in den 1990er-Jahren dafür mitverantwortlich, dass Deutschland zum damals »kranken Mann Europas« wurde. Insofern waren die Hartz-IV-Reformen der Regierung Schröder ein Befreiungsschlag, weil sie viele Elemente der Eigenverantwortung wieder in das System aufnahmen.

Da ist wohl die marktwirtschaftliche Erleuchtung wie eine Feuerzunge an Pfingsten auf die damals sozialdemokratisch geführte Bundesregierung herniedergekommen. Sie hat das soziale Element unseres Gemeinwesens dadurch gerettet und gestärkt, weil sie die Schaffung von Wohlstand als Voraussetzung für seine Verteilung erkannt und akzeptiert hat.

Bedauerlich ist allerdings, dass die Erben dieser Leistung von ihr eigentlich gar nichts mehr wissen wollen, ja, sich dieser Errungenschaft nachgerade schämen. Als wäre die resultierende Halbierung der Arbeitslosigkeit ein Grund, sich zu schämen.

Wirklich amüsant ist der Umstand, dass einer der wenigen, die sich dafür in dieser Partei nicht schämen, bei der letzten Bundestagswahl ihr Kanzlerkandidat war. Der hatte diesen Job angenommen unter der Bedingung, dass er Beinfreiheit bekommt. Die hat man ihm dann großzügig gewährt und ein Brett mit rostigen Nägeln unter den Tisch gestellt, unter dem er seine Beine ausbreiten wollte.

Na ja, den Rest kennen Sie ja. Seit 1949 hat keine Partei ihren eigenen Kandidaten so schnell, gründlich und von hinten durch die Brust ins linke Auge gestochen, wie das hier der Fall war. Es hat einigen Leuten wohl nicht gereicht, dass sie selbst schon auf dem linken Auge blind waren. Der Mann kann sich ja nicht mal im eigenen Badezimmer in der Nase bohren, ohne dass jemand schreit »Skandal« und »Fettnapf«.

Da kommt wohl eher ein anderer Aspekt des lateinischen Acedia zum Tragen. Acedia heißt nämlich nicht nur Trägheit, sondern auch Ignoranz und Feigheit.

Es gehört zu den Standardsprüchen der Berufsbetroffenen, dass es genügt, dass der Gute schweigt, damit der Schlechte siegt. Hier ist der Spruch ausnahmsweise angebracht. Wir nennen die Dinge nicht mehr beim Namen. Das verstößt gegen alle Arten von Political Correctness. Oder angeblich gegen den Anstand (seit wann verstößt die Wahrheit gegen den Anstand?). Das Ergebnis ist Feigheit. Sie kriecht kalt und ölig den Leuten unter die Kleider wie eine Kakerlake unter die Möbel. Sie installiert eine Schere im Kopf und fragt ständig »Kann ich das schreiben? Darf ich das sagen? Ist Klartext erlaubt?«

Wir brauchen mehr Klartext und weniger Angst vor dem Fettnapf, auch wenn die Meinungen nicht immer gleich sein können. Und da wird klar: Die Feigheit ist ein Feind der Freiheit. Klartext hingegen ist der Verbündete der Freiheit.

Die Rückeroberung der Werte

Man muss kein Existenzialist sein, um die Verzweiflung eines Friedrich Nietzsche über den Verlust Gottes in der menschlichen Vorstellung nachvollziehen zu können, die sich im Zitat auf der Titelseite dieses Kapitels zeigt. Man kann aber andere Schlussfolgerungen ziehen als der Philosoph, der wohl daran zerbrochen ist, was er selbst erkannt zu haben glaubte.

Wenn wir unsere Gesellschaft, unsere Freiheit und das Europa, das uns die Gründer wie de Gaulle, Adenauer und andere übergeben haben, erhalten wollen, dann müssen wir damit aufhören, Werte durch Beliebigkeit zu ersetzen. Wir brauchen entweder den kategorischen

Imperativ, der schon von der Logik her verdeutlicht, dass ein Leben, das den sieben Todsünden folgt, nicht geeignet ist als Quelle und Inspiration der allgemeinen Gesetzgebung, oder wir brauchen den schlichten Glauben an ein übergeordnetes, den Menschen geschenktes Wertesystem, das auch Freiheit als göttliches Geschenk begreift. Beides geht, aber für eines muss man sich entscheiden.

Deshalb hat das Zimmer, das wir bewohnen, nicht Platz für beides: Die sieben Todsünden als akzeptierte Lebensweise und die Freiheit.

Epilog

Kämpft!

»Ewige Wachsamkeit ist der Preis der Freiheit.«
Wendell Phillips, Kämpfer gegen die Sklaverei

*»Die Macht der Exekutive, eine Person ohne Anklage nach dem Gesetz
zu inhaftieren und insbesondere ihm das Urteil durch seine Peers zu
verweigern, ist im höchsten Grade anrüchig und bildet die Grundlage
jeder totalitären Regierung, egal ob Nazi oder Kommunismus.«*
Winston Churchill, Befreier Europas

Eine Polemik ist polemisch. Sie ist nicht nett. Das soll sie auch gar
nicht sein. Und warum habe ich diese Polemik geschrieben? Weil
sich meiner Meinung nach im politischen und wirtschaftlichen Leben in den letzten Jahren Entwicklungen ergeben haben, die man eigentlich nur noch mit Galgenhumor ertragen kann, wenn man der
Überzeugung ist, dass nur ein freiheitlich organisiertes Gemeinwesen erfolgreich darin sein wird, seinen Bürgern ein erfülltes Leben
im Streben nach Glück zu ermöglichen.

Von Winston Churchill, mit Sicherheit einem der größten Staatsmän-
ner des 20. Jahrhunderts, stammt der Satz: »Der Fehler des Kapitalismus besteht in der Ungleichverteilung des Wohlstands, der Fehler des Sozialismus besteht in der Gleichverteilung des Elends.« Wir
sind auf dem besten Wege dahin, die Gleichverteilung des Elends
zum neuen Hauptziel der Politik zu erklären. Ein Teil dieses gleich
verteilten Elends wird die Unfreiheit sein.

Es ist einfach nicht wahr, dass unsere Freiheit sicher ist. Es ist auch ein Trugschluss, dass unsere Institutionen stark genug sind, den erodierenden Willen auszugleichen, die Freiheit zu verteidigen.

Freiheit ist nicht der natürliche Gleichgewichtszustand einer Gesellschaft. Freiheit ist nicht gleichsam ihr Status niedrigster Energie, als Ergebnis eines anstrengungslosen Prozesses von selbst ablaufender sozialer Entropie. Das erscheint uns nur so, weil wir damit aufgewachsen sind und die Freiheit für uns selbstverständlich geworden ist. Sie ist aber nicht selbstverständlich, sondern mit Blut bezahlt.

Wer nicht für die Freiheit zu kämpfen bereit ist, der wird sie verlieren. Die Erosion der Freiheit ist ein schleichender Prozess, und sie entfaltet sich an vielen Fronten gleichzeitig.

Im Wirtschaftsleben ist es der sich aufschaukelnde Prozess von Gier und Maßlosigkeit auf der einen und Zorn und Neid auf der anderen Seite, der eine Frontenbildung ausgelöst hat, bei der die Freiheit von zwei Seiten angegriffen wird. Das Ergebnis der daraus abgeleiteten Fehlentscheidungen in der Finanzwirtschaft und in der Politik erzeugt eine Dauerkrise, und dabei sehnen sich die Menschen nach Sicherheit. Sicherheit für den Job, das Einkommen, die Rente, den Spargroschen.

Wir haben an zahllosen Beispielen gesehen, dass dieser Ruf nach Sicherheit augenscheinlich erhört wird. Er wird vor allem mit leeren Versprechungen beantwortet, deren Halbwertszeit immer kürzer wird. Entscheidungen von epochaler Tragweite werden dabei immer weiter weg vom Bürger getroffen. Parlamente degradieren sich selbst zu ausführenden Organen von Beschlüssen des Ministerrats oder der Europäischen Kommission, ohne dass diese Institutionen über die notwendige demokratische Legitimität verfügen. Abgeordnete geben unter vier Augen offen zu, dass sie schon lange den Überblick verloren haben, worüber sie da abstimmen, und dass das angesichts der Komplexität doch auch gar nicht möglich sei.

Wenn Parlamente in Ländern wie Nordkorea, China oder einem an die Knechtschaft gewöhnten Land im Mittleren Osten so handeln, spricht man im Englischen von einem »rubber-stamp body«: Ein Verein von Abnickern.

Was soll man dazu sagen, wenn es auf der einen Seite eine machtbewusste Elite von Entscheidern gibt und auf der anderen Seite Institutionen, die sich auf diese Weise vorführen lassen? Das ist der Weg in die Knechtschaft.

Sagen Sie nicht, dass diese Darstellung überspritzt sei. Mehr als einmal musste das Bundesverfassungsgericht den Bundestag und die Bundesregierung daran erinnern, dass die Volksvertretung Kontrollrechte und auch Kontrollpflichten hat, welche die Exekutive gerne vermieden hätte und auf die die Legislative gerne aus Bequemlichkeit verzichtet hätte. Zum Glück haben wir diese Institution als letzte Verteidigungslinie der freiheitlichen verfassungsmäßigen Ordnung. Sonst wären schon viel mehr unverzichtbare Positionen der freiheitlichen Rechtsordnung abgeräumt worden.

Es wird Zeit für ein deutlich selbstbewussteres Auftreten unserer gewählten Abgeordneten gegenüber der Exekutive.

Aber das Gericht alleine wird unsere Freiheit auf Dauer nicht schützen können. Das müssen wir schon selbst tun. Das Grundgesetz gibt uns dafür verbriefte Rechte, und wir müssen sie wahrnehmen. Freiheit braucht Verbündete. Jeder von Ihnen ist aufgefordert, am Prozess der demokratischen Willensbildung teilzunehmen und ein solcher Verbündeter zu sein. Das kann sich nicht darauf beschränken, alle vier Jahre ein Kreuzchen auf dem Wahlzettel zu machen und zähneknirschend das vermeintlich kleinste Übel zu wählen.

Freiheit drückt sich aus in der aktiven Teilnahme an der politischen Debatte, drückt sich darin aus, dass wir die Dinge beim Namen nennen, mit den Mitteln des Rechtsstaats Widerstand leisten gegen eine zu selbstbewusste Obrigkeit, dass wir demonstrieren, in Parteien eintreten und dort klare Kante zeigen, wenn die Freiheit angetastet wird, uns aber auch die Freiheit nehmen, aus einer Partei auszutreten und eine neue zu gründen. Noch haben wir diese Möglichkeiten.

In der Sicherheitspolitik passiert Ähnliches wie in der Wirtschaft. Dort hat man ein Bedrohungsszenario aufgeblasen, das an die Feindbilder in Orwells Roman *1984* erinnert. Einzelne Ereignisse von der Tragweite eines größeren Autounfalls werden zum Anlass genommen, die Bürgerrechte einer Millionenstadt einfach mal schnell für ein paar Tage auszusetzen. Die Überwachung als Reaktion auf Risiken, die in Wahrheit messbar lächerlich klein sind, nimmt totalitäre Züge an, und man findet nichts dabei, das Recht jedes Menschen auf rechtliches Gehör und das Folterverbot aufzuheben und sich so mit Diktaturen übelster Sorte gemeinzumachen. Was dabei noch mehr Angst machen sollte als die totalitäre Gesinnung der Überwacher ist die gleichgültige Hinnahme des offenkundigen Rechts- und Verfassungsbruchs durch eine »schweigende Mehrheit«.

Was glauben Sie, wie viel demokratische Kontrolle noch übrig bleibt, wenn dieser Zangenangriff von zwei Seiten auf unsere verfassungsmäßige freiheitliche Ordnung weiterhin so erfolgreich ist wie in den letzten Jahren?

Tausche Freiheit gegen Sicherheit? Nein, danke!

Zeit, etwas zu tun!

Wirtschaft wirklich verstehen

Rahim Taghizadegan

Wenn es etwas Gutes an Krisen gibt, so zumindest, dass man
– posthum – darüber nachdenkt, ob und wie die Katastrophe
hätte verhindert werden können. Die jüngste Wirtschaftskrise
wurde zumindest vorhergesehen, und das sehr präzise. Voll-
bracht hat das kein bekannter Prophet wie George Soros,
sondern ein kleiner akademischer Kreis von Volksökonomen
in den USA. Diese besinnen sich seit den Siebzigerjahren aus
guten Gründen zurück auf die sogenannte Österreichische
oder Wiener Schule.

In seinem grundlegenden Werk zeigt der Wirtschaftsphilosoph
Rahim Taghizadegan, welche Faktoren für eine Fortsetzung
der Forschung in der Tradition von Carl Menger, Eugen von
Böhm-Bawerk, Ludwig van Mises und Friedrich August von
Hayek sprechen.

288 Seiten | Hardcover | 24,99 € (D) | ISBN 978-3-89879-624-8

Krise der Inflationskultur

Professor Dr. Hülsmann

Da heute keine einzige Währung mehr eine Anbindung an Gold oder Silber hat, ist die Geldschöpfung durch die Zentralbanken und Geschäftsbanken praktisch unbegrenzt. Viele Ökonomen sehen diese neue Freiheit als einen großen zivilisatorischen Fortschritt, Hülsmann und die Ökonomen der Österreichischen Schule bewerten diese Entwicklung kritisch.

In allgemein verständlicher Sprache erläutert Hülsmann die komplexen Zusammenhänge zwischen Finanzen und Staat. Er charakterisiert die grundlegende Bedeutung des Sparens und erklärt, warum es nicht durch Geldschöpfung ersetzt werden kann. Er zeigt auf, dass die Verstaatlichung der Geldordnung dem Staat zugleich den Zugriff auf das Vermögen seiner Bürger erleichtert und erläutert, welche wirtschaftlichen und kulturellen Folgen sich aus den prinzipiell unbegrenzten Geldschöpfungsmöglichkeiten der Zentralbanken ergeben.

320 Seiten | Broschur | 17,99 € (D) | ISBN 978-3-89879-797-9

Ludwig von Mises

Prof. Dr. Thorsten Polleit

Ludwig von Mises (1881–1973) gehört zusammen mit Friedrich August von Hayek zu den wichtigsten Vertretern der Österreichischen Schule der Nationalökonomie. Er gilt als bedeutendster Wirtschafts- und Geldtheoretiker des zwanzigsten Jahrhunderts.

Erstmals geben vier profilierte und ausgewiesene Kenner der Arbeiten von Mises' einen Einstieg in die Lehren und Sichtweisen des großen Ökonomen. Hans-Hermann Hoppe gibt eine Einführung in Ludwig von Mises' Leben, sein Werk sowie den Liberalismus. Jörg Guido Hülsmann beleuchtet Mises' Geldtheorie. Philipp Bagus widmet sich seiner Staats- und Interventionismuskritik und Herausgeber Thorsten Polleit erläutert von Mises' wissenschaftliche Methode.

160 Seiten | Broschur | 14,99 € (D) | ISBN 978-3-89879-824-2

Österreichische Schule für Anleger

Rahim Taghizadegan

Die Lehren der Österreichischen Schule sind nicht nur zur ganzheitlichen Beurteilung des Währungs- und Finanzsystems äußerst sinnvoll, auch für Anleger bieten sie die Möglichkeit, Anlagestrategien abzuleiten. Denn konventionelle Anlageexperten übersehen oftmals wirtschaftliche Entwicklungen, die zur Gefahr für den Mainstreaminvestor werden können.

Rahim Taghizadegan, Ronald Stöferle und Mark Valek zeigen erstmalig, wie »Austrian Investing« in der Praxis funktioniert. Anleger lernen, wie sie die scheinbar komplexen und kaum durchschaubaren Zusammenhänge erkennen und wie sie davon profitieren. Die Autoren demonstrieren, wie Anleger in unterschiedlichen Szenarien – Inflation, Deflation oder Reflation – Gewinne erzielen.

250 Seiten | Hardcover | 24,99 € (D) | ISBN 978-3-89879-856-3
Mehr Informationen zu Investmentthemen finden Sie unter www.portfoliojournal.de

Der Wohlfahrtsstaat

Gerd Habermann

Der Wohlfahrtsstaat ist Freund und Feind zugleich. Für die einen ist er unverzichtbare Errungenschaft einer sozialen Gesellschaft. Für die anderen bedeutet er ein Korsett, das die individuelle Freiheit beschneidet.

Gerd Habermann zeigt in der wohl gründlichsten Auseinandersetzung mit den Ideen dieses gesellschaftlichen Gebildes, was sich wirklich hinter diesem Konstrukt verbirgt und warum die Bezeichnung Wohlfahrtsstaat ein Euphemismus ist. Die Illusion, dass Teile der Bevölkerung beliebig lange auf Kosten aller anderen leben können, lässt sich nicht aufrechterhalten, denn der Wohlfahrtsstaat zerstört die ökonomische, moralische und biologische Substanz, von der er lebt. Habermanns Klassiker der Wohlfahrtsstaatskritik erscheint nun in dritter, überarbeiteter und aktualisierter Auflage.

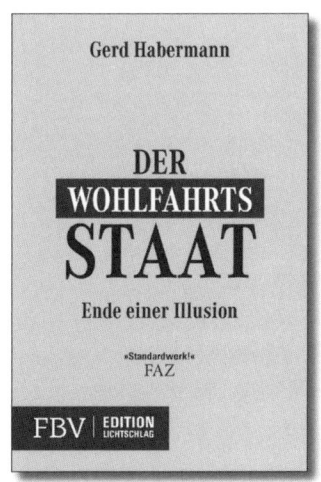

480 Seiten | Broschur | 19,99 € (D) | ISBN 978-3-89879-800-6

Die Vereinigten Staaten von Europa

Oliver Janich

Die Entwicklung der Europäischen Union zu einem »Super-staat« schreitet schier unaufhaltsam voran. Die meisten Menschen nehmen das politische Tagesgeschehen als eine schwer zu durchschauende Aneinanderreihung zufälliger Ereignisse wahr. Sie halten die Entwicklung der Europäischen Union für zwangsläufig.

Doch historische Dokumente belegen: Die Idee der Europäischen Union mit gemeinsamer Zentralbank, Währung und Regierung ist schon über 70 Jahre alt. Die Vereinigten Staaten von Europa sollen als Vorbild für eine »Neue Weltordnung« dienen, in der nicht mehr der Einzelne über sein Schicksal entscheidet, sondern jeder Lebensbereich von Politikern und Bürokraten bis in Kleinste geregelt ist. Es droht eine Orwell'sche Schreckensvision wie im Buch 1984.

512 Seiten | Hardcover | 19,99 € (D) | ISBN 978-3-89879-820-4